Alexander Schug / Frank Petrasch

FRED&OTTO
unterwegs rund um
Berlin
Wanderführer für Hunde

Alexander Schug / Frank Petrasch

FRED & OTTO
unterwegs rund um
Berlin
Wanderführer für Hunde

| Das Designer Label für exklusive Produkte für den Hund: | Hundebetten | Taschen | Reisebetten |
| Hundedecken | Hundemäntel | Halsbänder & Leinen | Näpfe | Spiel & Trainings Accessoires |
u.v.m. auf **www.cloud7.de**

Cloud7®
FINEST FOR DOGS & DOG LOVERS

Inhalt

Vorwort	7
Wandern mit Hund	8

NORDEN

Tour 01: Von Lehnitz aus zum Oder-Havel-Kanal	19
Tour 02: Von Birkenwerder nach Borgsdorf an drei Seen vorbei	25
Tour 03: Kein Kindl fließt am Kindelfließ	31
Tour 04: Zum Tegeler Fließ und den Fallobstwiesen bei Lübars	35
Tour 05: Schön in die Schönower Heide	39
Tour 06: Der Klassiker der Klassiker: Einmal rund um den Liepnitzsee	43
Tour 07: Von Bernau nach Börnicke und zurück	47
Tour 08: Von Rüdnitz ins Biesenthaler Becken	53

OSTEN

Tour 09: Seefeld und die Barnimer Feldmark	61
Tour 10: Blumberg und der Herr Lenné	67
Tour 11: Von Altlandsberg bis Spitzmühle	73
Tour 12: Durchs Wuhletal wuseln	77
Tour 13: Durchs Annatal zur Mühle Lemke	81
Tour 14: Zu den Wiesenlandschaften des Erpetals	87
Tour 15: Drei Berge an der Dahme	91
Tour 16: Unkenrufe ins Löcknitztal	97
Tour 17: Große Krampe und Seddinsee	103

SÜDEN

Tour 18: Das Sutschketal bei Königs Wusterhausen	109
Tour 19: Zesch am See und die brandenburgischen Weinberge	115
Tour 20: Von der Glasowbach-Niederung zum Rangsdorfer See	121
Tour 21: Mal was Herrschaftliches: Schloss Diedersdorf	125
Tour 22: Trebbiner Schabernack und die Nuthe	131

WESTEN

Tour 23: Seddiner See-Tour mit Abstecher nach Wildenbruch	139
Tour 24: Auf zu den Lienewitzseen bei Caputh	145
Tour 25: Rendezvous mit dem Teufel	149
Tour 26: Sacrow und der lange Marsch	153
Tour 27: Brandenburgs Amazonas	159
Tour 28: An die Havel	163
Tour 29: Rund um das Landgut Stober	169
Tour 30: Entlang der Kuhlake zum Eiskeller	173

IRON-DOG

Tour 31: Barfußwandern bei Bad Belzig	179
Tour 32: Reitwein oder sterben	185

Vorwort

Unser erster Wanderführer für Hunde (FRED & OTTO unterwegs in Brandenburg) war ein schöner Erfolg für uns – weil wir von vielen, vielen Hundebesitzerinnen und Hundebesitzern wirklich großartiges Feedback bekommen haben. Besonders hat uns gefreut, dass unser Buch etliche Menschen zusammengeführt hat, und Inspiration für gemeinsame Hundewanderungen und sogar für die Gründung von Wandergruppen geworden ist.

So haben uns schon seit einiger Zeit etliche Mails erreicht, in denen es hieß: Wann kommt die nächste Ausgabe?!

Wir haben lange überlegt: Wollen wir stärker ausdifferenzieren und die einzelnen Regionen Brandenburgs intensiver bewandern – oder gibt es andere rote Fäden für ein neues Hunde-Wanderbuch? Wir sind am Ende darauf gekommen: Wandertouren für Hunde rund um Berlin, alles erreichbar mit den öffentlichen Verkehrsmitteln, aber dennoch sollte jede Tour unseren bewährten Hundecheck bestehen. Das heißt, dass die Touren möglichst wasserreich sind, nicht an Straßen und stark befahrenen Radwegen entlangführen. Wir haben deshalb monatelang an den Endhaltestellen von S- und U-Bahn recherchiert, wo und wann man weg von der Zivilisation kommt, um seine Ruhe mit Hund zu haben. Dann sollte es natürlich eine schöne Strecke sein, auch fürs Auge von Mensch und Hund. Es war schwierig. Draußen in Brandenburg ist es überhaupt kein Problem schönste Seen ganz für sich alleine zu entdecken. Rund um Berlin muss man sich die guten Flecken schon häufiger mit anderen teilen. Dann gilt: Rücksicht nehmen, aufeinander zugehen, schauen, dass alle etwas von ihrem Tag in der Natur haben. Auch ist es rund um Berlin unvermeidbar, dass die Touren von Straßen durchkreuzt werden, Bahnlinien in der Nähe sind oder Flugzeuge am Himmel fliegen. Rund um Berlin seid ihr oft immer noch nah an der Zivilisation. Dennoch hat jede Tour ihre inspirierenden, ruhigen Momente zum Ausklinken und Genießen.

In diesem Sinne wünsche ich viel Spaß beim Schmökern und Wandern.

Was zu beachten ist …

Wandern mit Hund

Wandern mit Hund: Ist das etwas anderes als der tägliche Spaziergang? Ja, auf jeden Fall! Die Touren sind länger und haben unterschiedliche Schwierigkeitsgrade. Abseits bekannter Spazierwege gelten oft andere Regeln. Zudem gibt es zusätzliche Aspekte für den Vierbeiner zu berücksichtigen. Schließlich trägt der Besitzer die Verantwortung für sich und seinen besten Freund.

Daten und Fakten zum Wanderführer

Der Wanderführer richtet sich an „alte" und „neue" Hundebesitzer, Urlauber genauso wie „Einheimische", die neue Routen entdecken möchten. Die meisten Touren sind Rundwanderungen, bei denen unterwegs eine hundefreundliche Einkehrmöglichkeit besteht. Auch wurde bei der Auswahl darauf geachtet, Touren in unterschiedlicher Länge, für verschiedene Jahreszeiten und mit unterschiedlichen Schwierigkeitsgraden vorzustellen: leicht und mittelschwer. Natürlich entspricht diese Einstufung individuellem Empfinden. Wobei die Einteilung auf einen durchschnittlich geübten Wanderer mit seinem Hund abgestimmt ist. Leichte Wanderungen entsprechen breiten Forst- oder Wanderwegen ohne nennenswerte Anstiege. Mittelschwere Wanderungen sind anspruchsvoller. Hier können lange Wege, leichte Steigungen, schmale Pfade oder rutschige Wurzeln das Wandern erschweren. Gehzeiten entsprechen der allgemein üblichen Berechnung: Bei flachen Strecken wurden 4 Kilometer pro Stunde kalkuliert.

Die Touren in dem Wanderführer sind geografisch im Uhrzeigersinn von Nord, Ost nach Süd und West nummeriert und entsprechend in den Klappkarten eingezeichnet. Detailbeschreibungen der Touren in diesem Buch wurden nach bestem Wissen und Gewissen recherchiert, wobei es möglich sein kann, dass Strecken sich ändern – die Natur verändert sich, Wege wuchern zu oder werden anders gelegt und gesperrt, deshalb freuen wir uns auch jederzeit auf Feedback.

Wandern – gut geplant macht doppelt Spaß

Jeder, der einen Vierbeiner hat, ist täglich draußen unterwegs. Doch anders als der Alltagsspaziergang benötigt eine Wanderung etwas Vorbereitung. Wichtig ist dabei nicht nur die eigene Kondition, sondern auch die des Hundes richtig

einzuschätzen. Entsprechend sollten dann Tourlänge, Schwierigkeitsgrad und Pausen darauf abgestimmt werden. Lange Wanderungen sind übrigens für Hundewelpen und Junghunde – je nach Rasse von 12 Monaten bis zu 2 Jahren –, kranke sowie auch ältere Hunde nichts! Gleiches gilt für schwere und kurzbeinige Rassen oder untrainierte Hunde. Dementsprechend bitte Tourlänge und Schwierigkeitsgrad lieber zu langsam als zu schnell steigern.

Die richtige Ausrüstung für den Menschen

Am besten nach dem Mehrschichtsystem anziehen und gute Wanderschuhe besorgen – auch wenn es nur rund um Berlin geht. Da warten keine steilen Abhänge, aber nach 10 oder 12 Kilometern wird man es schon sehr deutlich in den Füßen merken, ob man in den ausgetretenen Sneakers oder festen Wanderschuhen unterwegs ist. Es lohnt sich, dafür mal was zu investieren.

Für Tageswanderungen reicht ein guter Rucksack von 20–35 Liter Volumen. Richtig gepackt, ist er beim Tragen kaum mehr zu spüren und schont zudem den Rücken. Dafür sollte der Schwerpunkt relativ hoch, dicht am Körper und möglichst in Schulterhöhe liegen – so zieht der Rucksack beim Tragen nicht nach hinten. Während kleine Utensilien in das Deckenfach kommen, ist das Hauptfach für Bekleidung und Proviant vorgesehen. Die Last wird vom Hüftgurt und nicht von den Schultergurten getragen. Letztere also nicht zu stramm ziehen.

In den Rucksack gehören auf jeden Fall:
» 1–2 Liter Wasser
» Proviant wie Müsliriegel, Traubenzucker und (Trocken-)Obst
» sowie eine Wanderkarte
» ein Erste-Hilfe-Set mit Rettungsdecke
» Taschentücher
» Sonnenschutz
» Mückenspray
» Multifunktionsmesser
» Stirnlampe
» Powerbank fürs Handy

Das braucht der Hund unterwegs

Während die klassische Leine im Flachland wandertauglich ist, sollte der Hund bei längeren Touren ein Brustgeschirr tragen. Als Verbindung zum Menschen ist dann entweder eine Flexileine oder eine spezielle Gummileine zu empfehlen. So schleift nichts auf dem Boden herum. Wer mit Wanderstöcken läuft, bindet sich zudem einen Hüftgurt für die Leine um oder befestigt diese per Karabinerhaken – mit entsprechender Notauslösung – am Gürtel.

Ins Hundegepäck gehören:
» ein faltbarer Napf
» kleine Notfallapotheke, die neben den Standards für den Menschen zudem Watte, eine Zeckenzange sowie eine Maulschlinge enthält.
» Bewährt hat sich bei Pfotenverletzungen einen Pfotenschutzüberzieher dabei zu haben
» auch in der Natur sollte der Hundekot zum Beispiel auf Weidewiesen und überall da, wo sich Mensch oder Tier ernähren, hinstellen oder hinsetzen könnten, eingesammelt werden. Man mache sich dabei bewusst, dass, sofern der Kot auf den Wiesen liegen bleibt und von Kühen versehentlich verspeist wird, indirekt wieder in unserer Nahrungskette – zum Beispiel als Milch – auf dem Tisch landet. Abgesehen davon wird vermutet, dass Hundekot im Viehfutter (Gras/Heu) für Kälbersterben verantwortlich ist. Eine gut verschlossene Plastikbox bringt die befüllte Hundetüte sicher zum nächsten Abfallbehälter.

» Im Gegensatz zum Menschen braucht der Vierbeiner unterwegs keine große Mahlzeit. Wasser, etwas Obst, Leckerlies o.ä. tun es auch. Gefressen wird entweder rechtzeitig – also mindestens 1,5 Stunden – vor der Wanderung sowie danach aufgrund des erhöhten Energiebedarfs.
» Wer ein Mikrofaserhandtuch im Gepäck hat, kann einen nassen Hund vor dem Betreten eines Gasthauses abtrocknen. Ein zweites Tuch dient als Liegefläche für kalte Böden.

Verantwortung für den Hund, die Natur und Mitmenschen

Als Mensch und Wanderer müssen wir für unseren vierbeinigen Begleiter mitdenken. Zwar ist der Hund mit natürlichem Allrad ausgestattet und sucht sich intuitiv immer den besten Weg, dem auch wir Menschen folgen können. Doch man bedenke bei langen oder auch Mehrtagestouren, dass der Hund normalerweise 17 bis 20 Stunden Ruhe am Tag benötigt. Dementsprechend also zwischendrin Pausen einplanen.

Was der Mensch aufgrund der Wanderschuhe kaum merkt, ist für den Hund eine Tortur: scharfe, spitzkantige Steine und Dornen. Am besten die Ballen regelmäßig prüfen und bei Bedarf mit Melkfett o.ä. einreiben oder Pfotenschuhe tragen lassen, wenn es ganz schlimm wird und Pfoten sogar verletzt sind.

Sollte man sich während der Wanderung verlaufen, auf jeden Fall zur letzten bekannten Wegmarkierung zurückkehren oder auf breiten Forstwegen wandern. Neben unseren Detailkarten und der App sind Wanderkarten der Region deshalb immer noch sehr, sehr hilfreich.

Neben Kühen gilt es unterwegs auch auf Wild zu achten! Denn auch der bravste Hund findet ein davonlaufendes Reh interessant. Man bedenke dabei: Ein wildernder Hund darf von Jägern erschossen werden!

Auch in Berlin und Brandenburg wird man auf unseren Touren in Gefilde kommen, die fast menschenleer sind, wild, ursprünglich. Zudem: Wer außerhalb Berlins unterwegs ist, der begegnet definitiv anderen Tieren: Katzen, Ziegen, Schafen und Hühnern oder Gänsen, die auf Höfen gehalten werden oder manchmal auch frei herumlaufen. Im Löcknitztal standen wir zum Beispiel einmal mitten im Wald plötzlich Auge in Auge mit einer Herde von Schwarzkopfschafen. Das ist die Realität des Landlebens auch in unmittelbarerer Nähe zur Hauptstadt – also liebe Metropolitaner: nicht wundern! Und: Augen auf!

Wer sich gerne in der Natur bewegt, dem liegt das Thema Naturschutz sicher am Herzen. Dementsprechend wandert der rücksichtsvolle Mensch und Hund in Naturschutzgebieten auf den markierten Wegen. So werden keine Anpflanzungen zerstört

oder Bodenbrüter aufgeschreckt. Seltene Pflanzen dürfen zwar bestaunt, aber nicht abgepflückt werden. Und natürlich wird der eigene Müll mitgenommen und in der Zivilisation entsorgt. Und: In ganz Brandenburg gilt offiziell das Anleingebot. Wer den Hund frei laufen lässt, handelt auf eigene Gefahr, auch wenn in der Regel wohl nichts passieren wird. Für unsere Fotos haben wir die Hunde ab und an abgeleint – rein zu fotografischen Zwecken. Das Abbilden der freilaufenden Hunde ist kein Verweis darauf, dass an bestimmten Stellen kein Anleingebot gilt.

Mit dem Kauf dieses Buches könnt Ihr Euch die komoot-App und zusätzlich zu einer Freikarte eine weitere Gratiskarte herunterladen. Gebt den Gutschein-Code auf der vorderen Klappe bei komoot ein und Ihr bekommt alle Touren aufs Smartphone + zwei Karten.

Futterfragen: Naturavetal für unterwegs

Die Frage nach dem Futter für längere Touren rund um die Großstadt ist einfach beantwortet: Trockenfutter – allein schon wegen des Gewichts/Nutzen. Hier sollte der Hund rechtzeitig dran gewöhnt werden, wenn er zu Hause etwas anderes bekommt.

Anders als bei Bergwanderungen, die richtige Höchstleistungen erfordern, sind die stadtnahen Touren zwar auch nicht zu unterschätzen, erfordern in der Regel aber auch kein Spezialfutter. Partner von FRED & OTTO ist der unabhängige, mittelständische Futtermittelhersteller Naturavetal, dessen Futter wir deshalb empfehlen können, weil es einige erprobte Vorteile für den Einsatz bei unseren Wanderungen hat: es ist eine ausgeglichene, naturreine Nahrung. Wichtig ist uns folgender Gedanke: Je weniger synthetische Stoffe der Hund mit der Nahrung zu sich nimmt, desto weniger ist sein Nervensystem und sein gesamter Organismus belastet und desto leistungsfähiger ist er.

Für einen ganzheitlichen Ernährungsplan ist Canis Plus Lachs von Naturavetal ein gesundes, kaltgepresstes Naturfutter mit einem artgerechten Fischanteil als einzige tierische Eiweißquelle, das auch mit BARF oder Nassfutter kombiniert werden kann. Das schonende Kaltpressverfahren mithilfe niedriger Temperaturen schützt die hochqualitativen Zutaten. Deshalb gibt es bei Canis Plus keine Belastung mit unnötigen Zusatzstoffen, die vom Körper nicht optimal verwertet werden können. Durch konsequenten Verzicht auf Weizen, Soja oder Milchprodukte stellt Canis Plus auch für Allergiker eine echte Alternative dar. Naturavetal kommt allein durch Kräuter, Algen, Obst und Gemüse mit einer rein naturbelassenen Vitaminisierung, sowie Mineralisierung aus, gänzlich ohne synthetische Zusätze. Für uns eines der besten Trockenfutter für unterwegs.

„Energieriegel" für Hunde

Auch Hunde schwächeln zwischendurch und brauchen Pausen. Bei besonderen Belastungen reichen eben nicht die regulären Fütterungen aus, da helfen kleine Energieriegel weiter. FRED & OTTO empfiehlt von Naturavetal:

Fisch-Power in den Pausen: Der leckere Canis Plus Power-Stick bietet eine hochwertige Fisch-Proteinquelle und gesunden Spaß für die Ruhepausen. Das reine Barschfilet wird gekocht und über Schockfrost in die praktischen Sticks geformt – ganz ohne Konservierungsstoffe.

Schnelle-Energie: Bio-Kokosöl vor dem Ausflug zufüttern: Das Kokosöl wird aus Magen und Dünndarm direkt ins Blut aufgenommen und zur Leber transportiert und steht dem Hund so als schneller Energielieferant zur Verfügung.

Und wer seinen Hund bei den stadtnahen Touren vor Schmutzfressen schützen will, sollte unbedingt das ausprobieren: Das Canis Extra Mineralmoor von Naturavetal wirkt sich positiv auf Verdauungsapparat und Abwehrsystem aus und sorgt für ein glänzendes Fell und eine gesunde Haut – und vor allem: Durch die Vielfalt an Nährstoffen wird der Mineralienhaushalt in Schwung gebracht, und das bekannte Schmutzfressen der Hunde kann mit Erfolg gestoppt werden.

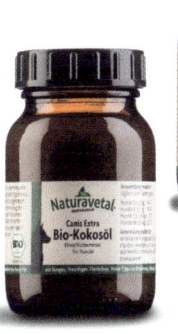

Bei speziellem Bedarf hilft das Naturavetal-Expertenteam mit individuellen Ratschlägen weiter:
info@naturavetal.de
+49 541 760 266 888
www.naturavetal.de

NORDEN

TOUR 1

**Kanal immer am Wegesrand –
lange, gerade Wege – eindeutige Wegführung**

Von Lehnitz aus zum Oder-Havel-Kanal

Hundefreundlichkeit: In Lehnitz angekommen, müsst ihr euch erst einmal durch den Verkehr wuseln, bis ihr ans Ufer des Lehnitzsees kommt. Ihr kreuzt danach immer wieder Straßen, entlang des Kanals wird es ruhiger, die offene Gedenkstätte für Zwangsarbeiter der NS-Zeit (altes Ziegeleigelände) bitte achten. Spätestens aber nach dem Zementwerk wird es richtig gut. Zur Halbzeit der Tour wechselt ihr das Ufer: Zurück Richtung Lehnitz laufen wir auf der gut ausgebauten Radfahrstrecke. Gerade im Sommer sind viele Radfahrer unterwegs. Ab Herbst bis Frühjahr ist es jedoch fast verlassen und Kollisionen mit Radfahrern unwahrscheinlich. Also insgesamt eine Tour, die ihr entspannter außerhalb des Sommers laufen könnt. Dann könnt ihr den großen Vorteil genießen, dass es immer und zu jeder Zeit Wasser am Wegesrand gibt.

Tour-Info	↔ 14,5 km	⏱ 4 Std.	++✢ mittel
Start-Ziel:	S-Bahnhof Lehnitz (Rundwanderung)		
Wegecharakteristik:	Wanderwege, Pfade, asphaltierte Radwege, Straße		

Ab Lehnitz S-Bahnhof starten wir: Wir folgen der geschwungenen Florastraße, die in die Neptunstraße übergeht und uns ans westliche Ufer des Lehnitzsees bringt. Das östliche Ufer des Sees ist weitgehend bebaut und unzugänglich, deshalb unbedingt das westliche Ufer nutzen. Habt ihr den **1** Oder-Havel-Kanal überquert, dann direkt rechts rein in die Grünanlagen und dem Weg ans Ufer des Lehnitzsees folgen. Immer geradeaus bis ihr nach ca. 600 m an einen Parkplatz gelangt. **❗** Achtung: Dort lauft ihr kurz an der befahrenen Heidelberger Straße bis rechts die Wörthstraße abgeht, der ihr zurück ans Ufer folgt.

Jetzt kommt ein Abschnitt mit **❗** Spielplätzen, Strandbad und viel Trubel im Sommer. Für nervöse Vierbeiner kann es gut sein, sie hier anzuleinen. Verlaufen könnt ihr euch kaum: Immer geradeaus. Eure nächsten

Otto war mit Kumpel Lolo unterwegs

Orientierungspunkte sind: Waldhaus, Aussichtspunkt Lehnitzsee. Nach einigen km kreuzen wir die Bernauer Straße, die ❗ stark befahren ist.

Geht rechts über die Brücke und nach der Brücke direkt links – dort steht ein 2️⃣ Mahnmal für die Toten des ehemaligen Außenlagers

TOUR 1

Einfach nur mal geradeaus blicken und denken

des KZ Sachsenhausen, das in dem folgenden Gewerbegebiet während der NS-Zeit betrieben wurde. Dieses Mahnmal stammt aus DDR-Zeit. 500 m weiter kommt ein Geschichts- und Gedenkpark – die Stelen mit Infos zu dem ehemaligen Klinkerwerk, in dem Zehntausende in der NS-Zeit zwangsweise schufteten, begleiten euch für einige km auf der Tour. Linke Hand seht ihr übrigens die Lehnitzschleuse – für technikhistorisch Interessierte

Vierbeiner durchaus sehenswert. Bis zum Klinkerhafen lauft ihr einen Weg, der als ❗ Zufahrt zum Betonmischwerk auch von LKWs befahren wird. Deshalb, und weil das Gelände gleichzeitig Gedenkstätte ist, solltet ihr die Hunde anleinen. Für manche wird das natürlich zur Geduldsprobe, aber nach dem Klinkerhafen gibt's dann kein Halten mehr: Autos, Gedenken, Radfahrer gibt's dann nicht mehr. Am Kanal entlang lauft ihr nun rund 1 km bis ein Weg rechts ab zum Grabowsee führt – schnurrstracks bis zur kleinen Badestelle, die im Hochsommer belebt ist, ansonsten ist man hier alleine. Baden, Trinken, Pause machen könnt ihr hier sehr gut, eh ihr zurück zum Ufer des Kanals lauft bis die kleine Brücke kommt. Dort hoch. Achtung: Über die Brücke führt ein Radweg, der stark befahren ist. Also schnell über die Brücke und auf der anderen Seite wieder runter und den Rückweg antreten. Diese Seite des Kanals ist wesentlich stärker frequentiert. Neben einem Pfad direkt am Ufer des Kanals führt ein aspahltierter Radweg – im Sommer sehr befahren, aber außerhalb der Saison ist auch da nix los. Wenn die Radfahrer stören, schlagt euch rechte Hand in den Wald. Parallel zum Uferweg führen in Bögen weitere Wege zurück bis zur Schleuse. Zwischendurch könnt ihr bei akuter Dehydrierung rechts in den kleinen Ort Fichtengrund abbiegen – dort gibt es an der Friedrichsthaler Chaussee ein Gasthaus. Unbedingt Öffnungszeiten checken, vor allem aber nichts Großartiges erwarten: Zu Trinken bekommt man aber auf jeden Fall (Gaststätte Fichtenhain, Friedrichsthaler Chaussee 61, https://gasthof-fichtenhain.jimdo.com).

Wer noch warten kann, sollte besser ins Waldhaus am Lehnitzsee: Dort gibt es eine schöne Außenanlage mit Strandkörben und kalten Getränken. Also: Freut euch drauf – und marschiert mal schön weiter. Und wenn ihr euch ein wenig ärgert, dass es hier kaum Abwechslung auf der Tour gibt: Gerade das fanden wir toll. Schließlich muss man nicht ständig mit der Nase in der Karte oder App hängen und Entscheidungen treffen, sondern kann einfach geradeaus weiter laufen. Und wenn ihr die Schleuse, danach die Bernauer Straße passiert habt und wieder am nördlichen Ufer des Lehnitzsees entlanggeht, lauft ihr exakt wieder den Hinweg – hier müsstet ihr also schon alles kennen.

	Info
🚉	S 1 bis Lehnitz
🅿	Parkplätze direkt am S-Bahnhof. Wer mit dem Auto kommt und abkürzen will: parkt an der Schleuse Lehnitz (Einfahrt Gewerbegebiet, Richtung Klinkerhafen, am weißen Haus gegenüber der Schleuse könnt ihr parken)
🗺	Kompass Wanderkarte Berlin und Umgebung (WK 700) 1:50.000
🍴	Waldhaus am Lehnitzsee Bernauer Straße 147 16515 Oranienburg Tel.: 03301-578998 www.waldhaus-am-lehnitzsee.de
✚	Tierarztpraxis Gesine Geiler Friedrich- Wolf- Str. 10-12 16515 Oranienburg/OT Lehnitz Tel.: 03301-533068 Mobil: 0175-4144379 www.tierärzte-oranienburg.de

drei kleine Seen – gut erreichbar

Von Birkenwerder nach Borgsdorf an drei Seen vorbei

Hundefreundlichkeit: **Hundefreundlich ist diese Tour, weil ihr alle paar Kilometer Seen habt, in denen die Fellnasen schwimmen und trinken können. Es ist aber auch eine Tour, die erfordert, dass eure Vierbeiner an der Leine laufen können, denn rund um die S-Bahnhöfe (Start/Ziel) müsst ihr einige Kilometer an Straßen entlang laufen bevor es in den Wald geht. Im Sommer ist an den Seen übrigens viel los. Gerade an die Badestelle des schönsten der drei Seen, dem Briesesee, können zwar Hunde an der Leine mitgenommen werden, aber nicht ins Wasser. Außerhalb der Sommersaison und unter der Woche ist die Tour jedoch wirklich problemlos zu laufen – ohne Begegnungen mit anderen.**

Tour-Info	↔ 6 km	⏲ 2 Std.	+++ leicht
Start-Ziel:	S-Bhf. Birkenwerder – S-Bhf. Borgsdorf (Streckenwanderung)		
Wegecharakteristik:	Straße, Wanderwege, Pfade		

Mit der S-Bahn geht's nach Birkenwerder im Norden, einem der kleinen unbekannten Orte rund um Berlin, in denen sich viele Berliner ihre Eigenheimträume verwirklicht haben. Birkenwerder hat allerdings auch einige alte Architektur zu bieten, an der wir vorbeikommen, wenn wir vom S-Bahnhof auf der Straße „An der Bahn" Richtung Boddensee laufen. Die Straße geht über in den Akazienweg.

Danach laufen wir die Brieseallee unterhalb der Bahnschienen zum Boddensee. Rund um den See führt **1** ein kleiner Pfad, den wir ablaufen im Uhrzeigersinn – also erst einmal weg vom Restaurant am See, links ab. Wer möchte kann nach der Umrundung eine erste Pause machen. Die Sommerterrasse des Restaurants Boddensee ist sehr schön, das Essen gut. Wir gehen jedoch zurück zum Ausgangspunkt unserer Seetour bis zur Straße/Bahnbrücke – dort bitte links abbiegen unter der Brücke entlang, dann geradeaus in die Friedensallee. Nach rund 500 m links in die

Otto fands jut, ein paar Straßen queren den Weg, aber sonst frei Schnauze

Fichteallee, die euch in leichter Kurve zur Brücke über die Autobahn führt.
🟥 Achtung: Hunde, die nicht bei Fuß gehen, hier unbedingt anleinen.

Nach der Brücke biegen wir links in den Wald ab, weg von der Straße: Hier können die Hunde jetzt zum ersten Mal ganz in Ruhe flitzen gehen.

TOUR 2

Wasserhundewellness am Boddensee

Immer geradeaus, nach rund 500 m kurz rechts, dann wieder geradeaus, immer Richtung Norden und Richtung Briese. Wenn ihr nicht exakt unseren Weg gefunden habt: Keine Panik, fast alle Wege führen irgendwie zum 2 Briesesee. Orientierungshilfen: Im Sommer dem Geschrei von der Badestelle nach. Wenn ihr die Suchtklinik in Briese passiert, wisst ihr, dass ihr richtig seid: Der Briesesee ist nur noch wenige Schritte entfernt. Schmale Pfade führen zur Badestelle. Im Sommer kann es dort sehr voll sein, dennoch sind Hunde an der Leine auch an der Badestelle erlaubt, dürfen aber nicht ins Wasser, was Otto frecherweise einfach mal ignoriert hatte. Okay, es bleibt unter uns.

Oberhalb des Briesesees, also von der Badestelle aus, geht's weiter nach Westen. Also nicht den Schildern zum Gasthof Briesekrug folgen (außer ihr habt Durst und Hunger), sondern in die entgegengesetzte Richtung. Linker Hand tauchen sehr schöne Sumpfwiesen auf, die Blicke fallen weit, eh es in den Wald geht, vorbei am Bogen- und Papenluch, leicht bergauf nach der Kreuzung mehrerer Wanderwege. Nach dem fast alpinen Aufstieg (also für hauptstädtische Verhältnisse, es sind so 10 Höhenmeter vielleicht), direkt die erste Abbiegung nach rechts nehmen und dann immer geradeaus bis ihr an die geteerte, manchmal befahrene, vor allem von Radfahrern benutzte Straße „Papengestell" gelangt.

Das Papengestell überqueren wir flugs, halb links in die Büsche geschlagen, die Friedensstraße überquerend und auf in Richtung Hubertussee, ein Anglersee, ziemlich zugemoddert, aber Wasser ist Wasser – und Otto störte es wenig, dass er danach ein wenig nach Wildtier roch. Also feine Nasen: Vorsicht vor dem Hubertussee. Den umrunden wir gegen den Uhrzeigersinn, automatisch führt uns der Weg in eine Wohnsiedlung. Die Straße oberhalb des Sees, die Dianaallee, führt wieder zur Friedenstraße. Dort einmal rechts und ihr seid fast schon am S-Bahnhof Borgsdorf.

Info

🚉	S 1 bis Birkenwerder, von Borgsdorf wieder mit S1 zurück nach Berlin
🅿	Parkplätze direkt am Boddensee, von dort dann in die Tour einsteigen. Um zum Auto zurückzukommen: Von Borgsdorf eine Station zurück bis Birkenwerder mit der S-Bahn
🗺	Kompass Wanderkarte Berlin und Umgebung (WK 700) 1:50.000
🍴	Gasthaus am Boddensee Brieseallee 20 16547 Birkenwerder Tel.: 03303-599944 www.boddensee.de
✚	Kleintierpraxis Dieck & Grové Erich-Mühsam-Straße 19a 16547 Birkenwerder Tel.: 03303-402567 www.tierarzt-birkenwerder.de

TOUR
3

Feuchtwiesen – Mischwälder – Fließe und der Hubertussee

Kein Kindl fließt am Kindelfließ

Hundefreundlichkeit: Es sind viele Pferde unterwegs, Feuchtwiesen und Fließe machen den Hunden viel Spaß, also geht davon aus, dass ihr echt dreckig wieder nach Hause kommt. An schönen Tagen sind einige Wanderer unterwegs, ab und an werdet ihr auch andere Vierbeiner treffen. Also insgesamt eine Tour, die nicht so sehr etwas für einsame Wölfe ist, eher für gesellige Domestizieten.

Tour-Info	↔ 12 km	⏲ 3 Std.	✚✚✚ leicht
Start-Ziel:	Ende Katharinenstraße (Randwanderung)		
Wegecharakteristik:	Wanderwege, Feldwege		

Wir starten in der Katharinenstraße, an deren Ende ihr in das Naturschutzgebiet Kindelsee-Springluch lauft. Nach ca. 500 m überquert ihr den **1** Beegraben. Nach dem Graben die erste oder auch die zweite Möglichkeit nach rechts abbiegen. Nach weiteren 500 m an der Kreuzung rechts. Ihr stoßt nun auf das Kindelfließ, der Wanderweg wird als Kindelweg ausgezeichnet.

Ihr lauft den Kindelweg hoch, links kommt ⚠ ein Pferdehof, hinter dem ihr erneut links einbiegt. Der Weg führt entlang von Weiden schnurrstracks zum Kindelfließ (etwa auf Höhe des Stadions Bieselheide). Kurz nachdem der Weg auf das Kindelfließ stößt, erreicht ihr die Glienicker Chaussee (⚠ Autos). Wir überqueren die Chaussee, gleich gegenüber geht's wieder in den Wald hinein. An der ersten Kreuzung geht's nach rechts.

Wir laufen nun für rund 2 km immer an der Waldkante entlang bis zum Bieselheider Weg. Am Bieselheider Weg angekommen, scharf rechts, einmal um den (privaten) **2** Hubertussee herum. Der See wird gepachtet. Wir haben einmal in mehreren Jahren den Pächter getroffen, der einen wirklich auf sehr unsanfte Manier von „seinem" See vertreibt. Nach so einer Erfahrung fragt man sich, wieso der See nicht wieder vergesellschaftet

wird. Aber der Pächter ist nicht immer da. Den Weg um den See darf man offiziell laufen, nur nicht ans Ufer gehen, das bereits zur Pachtzone gehört.

Nach unserem Seeabenteuer ist auch schon die Hälfte der Tour um. Erholt euch gut, dann geht's zurück. Diesmal kurz nach dem Kindelfließ sofort rechts rein. Wir bleiben also im Wald. Der Weg verläuft nun etwas parallel versetzt zum Hinweg. So laufen wir zurück zur Glienicker Chaussee. Danach wandern wir ein kurzes Teilstück des Hinweges. An der ersten Kreuzung, da wo die Pferdeweiden sind, allerdings dann rechts abbiegen. Der Weg führt im Bogen um den Pferdehof, unterhalb dessen wir am Kindelweg wieder landen.

Am Kindelweg dann rechts, danach, kurz nach dem Kindelfließ, wieder rechts. Nun immer direkt am Fließ entlang im leichten Bogen nach links für etwa 2 km bis zum **3** Kindelsee (sehr versumpft). Auf Höhe des Kindelsees links abbiegen und nun für 1 km wieder eng am Kindelfließ entlang bis wir auf den Beegraben stoßen. Dort links hoch zurück zur Ausgangsstelle.

Info

H	Verkehrsverbindungen (hier nur ÖVPN falls vorhanden) mit der U 2 bis Pankow, dann Bus 107 Richtung Schildow, Kirche. Von dort ist es noch ein ganzes Stück bis zu unserem Ausgangspunkt der Tour (ca. 2 km).
P	Am Ende der Katharinenstraße
🗺	Kompass Wanderkarte Berlin und Umgebung (WK 700) 1:50.000
🍴	Café Steckenpferd Berlin Hauptstr. 35 13159 Berlin Tel.: 030-40574968 www.steckenpferd-berlin.de
✚	Kleintierpraxis Dr. Silke Franck Schönfließer Str. 18 16552 Schildow Tel:033056-434258 www.dr-franck.net

TOUR
4

Fließe und Moor – Fallobstwiesen –
einer der schönsten Landschaftsräume im Norden Berlins

Zum Tegeler Fließ und den Fallobstwiesen bei Lübars

Hundefreundlichkeit: Wenn ihr per S-Bahn anreist, lauft ihr ein Stück durch die Straßen, eh ihr in die Natur kommt. Die feuchten Wiesen und Moore sind nicht jederhunds Sache. In Lübars gibt es etliche Pferdehöfe – entsprechend werdet ihr öfters Begegnungen mit Pferden machen.

Tour-Info	↔ 12 km	⏱ 3 Std.	++✚ mittel
Start-Ziel:	S-Bhf. Waidmannslust (Rundwanderung)		
Wegecharakteristik:	Wanderwege, Pfade, Stege übers Moor, asphaltierte Abschnitte		

Auf geht's: Von der S-Bahn-Station Waidmannslust lauft ihr zunächst den Waidmannsluster Damm Richtung Westen entlang. An der Horber Straße biegt ihr links ab und gelangt nach knapp 500 m in den Wolfacher Pfad. Von dort führen etliche kleine Wege zum Tegeler Fließ. Am Fließ wandern wir nach rechts, also Osten, immer geradeaus, vorbei am **1** Ziegeleibecken (rechts), dem Hermsdorfer See (links) und dem Ziegeleisee (rechts). **!** Am Ziegeleisee befindet sich ein gut frequentiertes Strandbad, der Weg dorthin, den ihr überquert, ist befahren.

Wir laufen weiter unseren Weg Richtung Moorwiesen. Der Weg geht über Stege, die über die Moorwiesen führen. Nach 1,5 km kommt rechte Hand **2** der alte Dorfkern von Lübars, wo sich an der Kirche ein sehr traditioneller Dorfkrug findet (für die erste Pause?).

Wer weitermarschiert: Geradeaus bis zum Großen Sprintgraben, dann knickt der Weg nach rechts ab. **!** Spätestens hier wird man vermehrt Pferden begegnen. Der Weg führt fast bis zur Blankenfelder Chaussee, kurz davor biegen wir jedoch nach links ab. Bei der ersten Gelegenheit wieder links zum Sprintwiesenteich. Der Weg führt im Bogen daran vorbei nach rechts, hoch zu einem asphaltierten Weg. Dort nach links zum Köppchensee. Wer will läuft den Weg etwas zurück bis zum Schildower Weg. Dort links hoch. Zwei Attraktionen warten (+1,5 km): Links **3** ein kleiner

Rundweg durch eine Moorwiese mit Blick über den Köppchensee (sehr schön für Sonnenuntergänge). Rechts vom Schildower Weg liegen 4 alte Obstplantagen, die u.a. nach dem Krieg als öffentliche Fallobstwiesen angelegt worden sind, um die Berliner mit frischem Obst zu versorgen. Ab Ende August könnt ihr hier zugreifen (bis ca. Ende September).

Wer diese kleine Exkursion zu den Obstwiesen nicht macht: Am Köppchensee weiter bis zum ehemaligen Mauerweg. Dort links und nun immer geradeaus. Der Weg führt recht nah an den Wohngebieten entlang, manchmal ist man gar nicht mehr so richtig im Grünen, der Weg führt parallel zu Straßen entlang, aber das ist erträglich.

Nach der Schutzhütte verläuft der Weg links ins Moor – ihr werdet dort wieder über ⛊ Holzstege weitergeführt. Es wird also enger, bei entgegenkommenden Hunden können da mal schnell eure Moderationstalente gefragt sein. Die Stege hören nach rd. 500 m auf, dann kommt wieder normaler Weg für ca. 2 km. Dann seid ihr wieder in Alt-Hermsdorf, geht vorbei am 5 Heimatmuseum und Dorfkirche, eh ihr zum Ausgangspunkt gelangt.

	Info
🚉	S 85 bis Waidmannslust
🅿	Am Wolfacher Pfad (entlang der Straße) und Umgebung
🗺	Kompass Wanderkarte Berlin und Umgebung (WK 700) 1:50.000
🍴	Gasthof Alter Dorfkrug Lübars Alt-Lübars 8 13469 Berlin-Reinickendorf Tel.: 030-92210230 www.gasthof-alter-dorf-krug.de
✚	Tierarztpraxis Hans-Peter Neumann Lierbacher Weg 14 13469 Berlin Tel.: 030-4028367 www.tierarztpraxis-neumann.de

Köppchensee

TOUR
5

Heidelandschaft – Sand – Gorinsee

Schön in die Schönower Heide

Hundefreundlichkeit: Mitten in der Schönower Heide, die ein Naturschutzgebiet ist, befindet sich ein eingezäuntes Wildgehege. Die Jäger unter den Vierbeinern werden da vielleicht unruhig, insbesondere da das Wild überhaupt nicht menschenscheu ist und oft direkt am Zaun weidet. Aber es kann nichts passieren: wie gesagt ist alles eingezäunt. Auf dem Rundweg ist ganzjährig Betrieb, im Sommer vor allem auch am Gorinsee.

Tour-Info	↔ 12 km	⏲ 3 Std.	✚✚✚✚ leicht
Start-Ziel:	Parkplatz Schönower Heide (Rundwanderweg)		
Wegecharakteristik:	Wanderwege, Pfade		

Vom Parkplatz führt ein gerader Weg schnurrstracks in die Heide und auf das **1** Gehege zu. Wer übrigens von vorneherein nur eine kleine Runde gehen will (5 km) kann immer am Zaun des Geheges entlang laufen und ist nach etwas mehr als 1 Std. wieder am Parkplatz. Wir laufen jedoch am Zaun zunächst rechts, dann rd. 100 m weiter wieder rechts – vom Rundweg ab. Ihr werdet den Pfad sehen, etliche Hundebesitzer verkrümeln sich hier in die offene Heide. Für rd. 400 m geradeaus bis ihr an die Waldkante kommt. Dann links der Waldkante entlang. Wer zwischendurch bereits seltsame Bauten und Betonrampen sieht: Die Heide war bis zur Wende Truppenübungsplatz.

Nach 600 m, wenn ihr schon fast auf den Lanker Weg stoßt, biegt links ab, wieder der Waldkante entlang. Nach kurzer Zeit führt euch der Weg zu **2** einer fast steppenartigen Landschaft. Hier stehen noch verschiedene Bunker und Panzerbrecher – eine skurille Landschaft. Wir laufen weiter am Waldrand entlang immer geradeaus und tauchen dann wieder in den Wald hinein.

Lauft für rd. 2 km geradeaus. Dann links. 1 km geradeaus. Wenn es nicht mehr weiter geradeaus geht, links abbiegen, einige hundert Meter laufen.

Dann rechts und nun für 2 km bis zur **3** Schutzhütte Gorin wandern.
An der Schutzhütte angekommen, folgt den Hinweisen zum Gorinsee, der nur rd. 1 km entfernt ist. Im Sommer ist hier einiges los, ab Herbst kann man es genießen und mit Hund entspannt laufen. Wir gehen nun den geraden, breiten Wanderweg, der in 2,5 km zurück zum Rundweg Schönower Heide führt. Auf den Rundweg gestoßen noch einmal rechts und immer dem Weg zurück zum Parkplatz folgen.

Info

🅷	Eigentlich nur mit dem Auto gut machbar, ansonsten mit der S 2 bis Zepernick, 3 km nach Norden laufen, ihr werdet dann ziemlich genau auf den Parkplatz der Heide stoßen
🅿	An der Schönower Heide / Schönwalder Chaussee
🗺	Kompass Wanderkarte Berlin und Umgebung (WK 700) 1:50.000
🍴	Restaurant Waldkater Wandlitzer Chaussee 10 16321 Wandlitz Tel.: 03338-5764 www.waldkater.de
✚	Tierarztpraxis Schönow Friedenstraße 60 16321 Bernau OT Schönow Tel.: 03338-756203 www.tierarztpraxis-bernau.de

Otto treibt die Leidenschaft in der Heide

TOUR 6

einer der schönsten Seen rund um Berlin –
sauberstes Wasser – viel los

Der Klassiker der Klassiker: Einmal rund um den Liepnitzsee

Hundefreundlichkeit: Bis auf die Tatsache, dass relativ viele andere Menschen hier unterwegs sein werden, weil der Liepnitzsee so bekannt und beliebt ist, ist alles sehr hundefreundlich. Es gibt keine wirklichen Ärgernisse. Ihr habt definitiv viel Wasser unterwegs, herausfordernd ist die optionale Fahrt mit der kleinen Fähre – evtl. nicht jederhunds Sache. Aber ihr müsst die Fähre nicht nutzen. Ab Herbst bis zum Frühjahr zu empfehlen. Im Sommer ist hier zu viel los.

Tour-Info	↔ 12 km	⏲ 3 Std.	✚✚✚ leicht
Start-Ziel:	Bahnhof Wandlitz (Rundwanderung)		
Wegecharakteristik:	Straßen, Wanderwege		

Vom Bahnhof Wandlitz lauft ihr in die Straße „An der Bogenheide". Dann rechts rein in die Straße „An den Pfühlen", die an den **1** Heiligen drei Pfühlen vorbeiführt, bessere Pfützen, die ihr von der Straße eh nicht seht. Geht geradeaus bis zum Kreisverkehr, dann rechts in den Wald rein. Nun habt ihr auch Zugang zu den Pfühlen. Lauft über den Lanker Weg hinaus, folgt den Ausschilderungen zum Regenbogensee. Kurz vor dem Regenbogensee links ab. Wir wandern oberhalb des kleinen Sees. Wir laufen runter zum Ufer des Liepnitzsees. Der Uferweg wird immer etwas belebter sein und ist stellenweise sehr eng, so dass es bei entgegenkommenden Wanderern, insbesondere vierbeinigen, eng werden kann. Wir laufen an der Fähranlegestelle vorbei. Wer will: Setzt auf die kleine **2** Insel über. Dort gibt es einen schönen Strand, der bei gutem Wetter allerdings sehr voll ist. Frei laufen lassen kann man die Hunde hier nicht, aber es ist ein wenig aufregender, zwischendurch mal mit der Fähre zu fahren. Wer nicht auf die Insel will, kann sich auch aufs gegenüberliegende Ufer bringen lassen und so den späteren Abschnitt mit Autoverkehr vermeiden. Allerdings entgeht euch dann auch unser Gastrotipp. Schwer zu entscheiden, oder? Also wir empfehlen ja den Weg ohne Fähre hoch

zur Straße „Am Liepnitzsee", dort rechts (🚫 Autos) bis Ützdorf. Wenn ihr auf die Wandlitzer Straße trefft, seht ihr schon das Gasthaus „Jägerheim". Hier entweder pausieren oder dem Rundweg um den See folgen. Lauft den direkten Uferweg, der ist am schönsten. Für einige km geht es nun immer geradeaus, bis ihr zum 3 Badestrand kommt. Im Sommer ist es hier, natürlich, übervoll. Ansonsten ist es mit dem Sand und leichten Hügeln ein schöner Hundespielplatz (im übertragenen Sinne, natürlich nicht offiziell). Nach der Badestelle im Zickzack zum Fuchskavelweg, der zur Bahnhofpromenade führt. Dort rechts und zurück bis zum Bahnhof.

Info

🚉	RB 27 Richtung Groß Schönebeck, Ausstieg Wandlitz Bhf.
🅿	Am Bhf. Wandlitz
🗺	Kompass Wanderkarte Berlin und Umgebung (WK 700) 1:50.000
🍴	Jägerheim Ützdorf Wandlitzer Strasse 12 16348 Wandlitz OT Lanke Ützdorf Tel.: 033397-7530 www.hotel-am-liepnitzsee.de
✚	Tierarzt Lars Kockerbeck Prenzlauer Chaussee 111 16348 Wandlitz Tel.: 033397-21965 Mobil: 0171-4571815 www.tierarztpraxis-kockerbeck.de

Weiter Blick auf den Liepnitzsee

TOUR 7

lange Feldwege – eine Schlossruine – zwei Teiche

Von Bernau nach Börnicke und zurück

Hundefreundlichkeit: Sobald ihr euch vom Bahnhof entfernt, wird es sehr schnell ruhig. Zwar kreuzen wir ab und an befahrene Straßen, aber die Wege dazwischen entschädigen. In Börnicke am Schloss gibt es einen Streichelzoo, Gänse und anderes Kleingetier, da solltet ihr rechtzeitig anleinen.

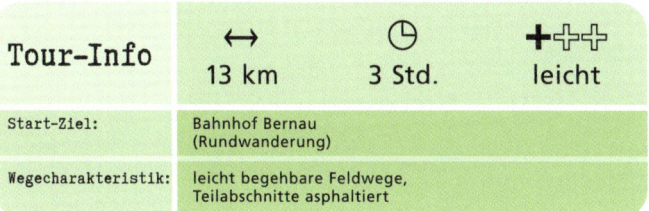

Tour-Info	↔ 13 km	◴ 3 Std.	✚✚✚ leicht
Start-Ziel:	Bahnhof Bernau (Rundwanderung)		
Wegecharakteristik:	leicht begehbare Feldwege, Teilabschnitte asphaltiert		

Das beste an dieser Tour ist das schnelle Hinkommen: Die S 2 fährt alle paar Minuten nach Bernau, die Kleinstadt mit dem alten Stadtring und den historisierenden Plattenbauten darin – eine interessante Mischung aus Mittelalter und DDR. Am Bahnhof orientieren wir uns aber zunächst gen Südosten: Also nicht in die Altstadt rennen, sondern aus der Bahnhofshalle kommend direkt rechts und die nächste Straße wieder rechts, unter die Gleise durch bis zur Kleingartenanlage, durch die ein asphaltierter Radweg führt. Zur Rushhour ist dieser Radweg auch unter der Woche gut befahren, also Achtung! An der ❶ Panke erneut rechts. ❗ Achtung: Auf beiden Seiten liegen nun Pferdekoppeln, die wir souverän hinter uns lassen.

Nach nur rund 200 m gabelt sich der Weg – wir laufen links den kleinen Feldweg entlang. Zum ersten Mal kommt jetzt das Gefühl auf, draußen in der Natur zu sein und die Hektik der Stadt hinter uns zu lassen. Genießt die Blicke auf die Felder, aber entspannt euch nicht zu sehr, denn nach ca. 1 km treffen wir auf die ❗ vielbefahrene Blumberger Chaussee. Aber ruhig Blut: Es sind nur rd. 400 m, die wir die Chaussee links abbiegend wandern. Danach geht's gleich wieder links in den Feldweg, der mit Betonplatten ausgelegt ist. Rechts und links davon ist allerdings pfotenfreundlicher Feldboden. In einem

Am Bernauer Fenster mit Blick auf Bernau

weiten Bogen führt uns der Weg zu einer **2** kleinen Kreuzung mit Infotafel, an der wir gleich wieder rechts abbiegen.

Nach rd. 1 km fängt der schönste Teil der Tour an: Eine alte Allee wartet auf euch, kurz davor seht ihr links eine Fallobstwiese. Im Spätsommer kann man sich da bedienen. Aber lasst uns zunächst die Allee bis zum Ende laufen. Sie führt zu einem Punkt, der als **3** Bernauer Fenster bezeichnet wird, eine große Konstruktion aus Balken, die den Blick auf Bernau mit seinen Kirchtürmen rahmt. Daneben steht noch eine kleine künstlerische Intervention, erinnernd an die Pilger, die hier auf dem Jakobsweg vorbeikommen.

Und nun folgt gleichsam die größte Herausforderung: Jäger bitte anleinen, am **4** Schloss kommt gleich links ein Streichelzoo, hier rennen

TOUR 7

Irgendwie brachen die Wildschweingene bei Otto immer wieder mal durch

Ziegen, Schafe und Gänse rum, das eine oder andere Getier kann hier auch mal auf dem Weg außerhalb der Zäune hocken.

Wer der Konfrontation weichen möchte, muss nach dem Pilgerdenkmal gleich links den kleinen Feldweg zwischen Schlosspark und Feld entlanglaufen. Wessen Hund keine Probleme mit anderen Tieren hat, sollte ruhig durch den Eingang des Streichelzoos in den alten Schlosspark eintreten. Der neoklassizistische Bau sieht mittlerweile mehr als traurig aus. Das ehemalige Refugium der Bankiersfamilie Mendelssohn-Bartholdy wird ab und an noch geöffnet, Besuchergruppen bekommen nach Anmeldung sogar eine Führung: www.schloss-boernicke.de.

Der Teich im Schlosspark dient einer kurzen Erfrischung für die Vierbeiner, aber Vorsicht: das Wasser ist ziemlich moderig und riecht deftig. Echte Naturkerle und -innen stecken natürlich trotzdem mal die Pfotenspitze rein. Danach lauft einfach im Schlossapark ein wenig umher.

Nächstes Ziel ist der **5** Dorfteich, zu erreichen über die Börnicker Dorfstraße. Die Wasserqualität ist hier ein wenig besser. Wir laufen durchs Dorf (das offiziell ein Stadtteil von Bernau ist) und gehen die Ernst-Thälmann-Straße dann bis zum Abzweig, der wieder zurück zum Bernauer Fenster und dem Pilgerkunstwerk führt. In der Tat: Wir laufen den gleichen Weg zurück, aber nur für ca. 500 m. Dann erreichen wir wieder die Fallobstwiese. Wir biegen rechts ab auf den kleinen Weg, der im Bogen nach links in eine Neubausiedlung führt.

Info

🚇	S 2 bis Bernau
🅿	Hinterm Bahnhof, entlang Schwarzer Weg
🗺	Kompass Wanderkarte Berlin und Umgebung (WK 700) 1:50.000
🍴	Café Mühle Mühlenstraße 4-6 16321 Bernau Tel.: 03338-398400 www.cafemuehle-bernau.de
➕	Dr. med. vet. Joachim Kirchner Friedenstaler Platz 26 16321 Bernau Tel.: 03338-4160 www.tierarzt-dr-kirchner.de

Zwischen dieser Siedlung und Feld verläuft parallel zum Heideweg der Trampelpfad, der uns schließlich wieder auf den mit Betonplatten versehenen Feldweg führt.

An der ersten Möglichkeit rechts Richtung Polluxring. Parallel zum Polluxring führt direkt am Rand zum Feld ein kleiner Weg. Wir laufen also jetzt am Rande der Neubau- und Plattenbausiedlung, bis wir nach ca. 1 km an den Hesselgraben gelangen – dort rechts, immer parallel am Hesselgraben entlang, bis ihr auf einen Radweg stoßt, den wir links reingehen. Wir überqueren die Panke erneut und fallen in die Stadt ein. Wer sich belohnen will, sollte unbedingt ins Café Mühle!

TOUR
8

Felder – Wald – Moore

Von Rüdnitz ins Biesenthaler Becken

Hundefreundlichkeit: **Das Biesenthaler Becken macht richtig Spaß: Hunde können sich hier gut austoben, es gibt Bäche, moorige Abschnitte, kaum Störfaktoren. Lediglich kurze Zeit geht's über einen vielbefahrenen Radweg – und auf dem brettern die Radfahrer teils mit vollem Tempo durch die Kurven, so dass ein Anleinen unbedingt notwendig ist. Fast am Ende der Tour kreuzen wir eine kleine Ortschaft am Hellsee, dort fahren Autos. Ab und an sind auch Pferde unterwegs.**

Tour-Info	↔ 13 km	⏲ 3,5 Std.	✚✚✚ leicht
Start-Ziel:	RB-Bahnhof Rüdnitz (Rundwanderung)		
Wegecharakteristik:	leicht begehbare breite Wanderwege, teils asphaltiert		

Zugegeben, die Anfahrt nach Rüdnitz ist etwas aufwändiger als bei den anderen Touren: bis zu dreimal umsteigen ist schon viel Trouble, aber wenn ihr über Bernau, dann mit der RB in Rüdnitz angekommen seit, wird's nur noch besser. Am Bahnhof biegt ihr gleich links in die Bahnhofstraße ab. Ihr passiert den Festplatz Rüdnitz und lauft entlang der Straße bis zum Kreisverkehr.

Am Kreisverkehr einfach geradeaus in den Langerönner Weg. Am Beginn der Straße seht ihr auch erste Wanderhinweise Richtung Lanke etc. Diesen Weg laufen wir ca. 1 km und biegen dann halbrechts in einen Feldweg ab. Die zivilisatorischen Verweise dünnen aus, bald seit ihr mitten in der Natur, umgeben von Feldern und Wiesen. Dieser Weg führt schnurrstracks in das Biesenthaler Becken, einem tatsächlich wildromantischem Fleckchen, das von mehreren kleinen Bächen, sog. Fließen, durchzogen wird, die teils beeindruckende Schluchten geformt haben – das erste Fließ, das **1** Rüdnitzer Fließ überquert ihr, kaum dass ihr in den Wald gelaufen seit. Am Rüdnitzer Fließ ergeben sich mehrere Wegoptionen. Wir gehen wieder einmal: geradeaus in den kleineren Weg, der leicht nach oben führt.

❗ Nach knapp 800 m erreicht ihr den Abschnitt, der euch und die

Otto trottet zufrieden durchs Biesenthaler Becken

Hunde am meisten „Steuerung" und Zurückhaltung kosten wird: Wir treffen auf den Fernradweg an der Langerönner Mühle, einem asphaltierten Weg, auf dem die Radfahrer wie wild durchhechten. An richtig guten Tagen im Sommer geht's da zu wie auf der Autobahn. Absolutes No-go: Die Hunde hier frei laufen lassen. Unfälle sind da fast vorprogrammiert. Es hilft aber alles nix, wir müssen da jetzt gemeinsam durch.

Wer seinen „Into-the-Wild-Moment" haben möchte, nimmt einen der ersten Wege links ab vom Radweg. Die enden aber alle kurz vor dem Rüdnitzer Fließ – das allerdings Orientierungspunkt bleibt, denn am Fließ entlang gen Norden auf kleinen Pfaden, die sich streckenweise auch

Moorlandschaft am Wegesrand. Achtung: Naturschutz!

verlieren, müsst ihr weiter bis ihr nach ca. 1 km wieder auf breite, befestigte Wanderwege stoßt. Euer Ziel ist der Punkt, an dem Rüdnitzer Fließ und Hellmühler Fließ nah zusammenkommen; an dieser Stelle ist ein **2** Rastplatz, eine schöne Brücke, von der aus man das Feuchtbiotop rund um das Rüdnitzer Fließ anschauen und auf sich wirken lassen kann.

Für alle, die auf ordentlichen Wegen bleiben wollen: Ihr müsst den Radweg dann eben etwas länger ertragen, was ja auch nicht so schlimm ist, da können wir mal wieder „bei Fuß" üben und die Leinenführigkeit testen. Der 3. Abzweig links vom Radweg (gerechnet ab Langerönner Mühle) führt euch zur oben erwähnten Brücke. Nach ca. 1 km trefft ihr auf eine Gabelung, an der ihr rechts geht. Nach 100 m sofort wieder links. Dieser Weg führt euch im leichten Bogen zur Brücke. Wenn ihr dort angekommen seid: Pause, durchatmen. Dieser Brückenplatz ist allerdings so eine Art Wegekreuz, an dem ab und an Leute vorbeikommen, also das nur als Vorwarnung, nicht dass ihr überrascht seid.

Von ihr aus sind die weiteren Schritte gut ausgeschildert: Folgt den Markierungen Rüdnitz/Lobetal (gelbe Wegmarkierung). Überquert eine zweite Brücke, dann links. Dieser kleine Trail führt erneut ans Hellmühler Fließ und zu einer schmalen Holzbrücke. Bitte elegant darüberbalancieren. Wer da nicht schwindelfrei ist, muss durchs Wasser waten. Auf der gegenüberliegenden Seite steht seit Jahren ein Wanderbriefkasten

– dort kann man Gedanken, Wünsche, Lobpreisungen in ein Buch schreiben. Einer unserer Wünsche beim letzten Besuch war, dass nicht noch mehr ⚠ Military-Pferde aus dem Gebüsch gestampft kommen; es gibt leider einige Military-Reiter hier in diesem Gebiet. Im Hochsommer sind wir bei einer Tour einmal 3 Pferden mitten im Wald begegnet, die von irgendwoher aus den Büschen kamen. Wohl auch nicht so ganz legal, aber wer will hier als Hundebesitzer schon als erster mit Steinen werfen?

Wir freuen uns am Tal, durch das das Hellmühler Fließ fließt und eine beeindruckende Schluchtenlandschaft kreiert hat. Die Wege werden hier richtig schmal, bei Regen, Schnee und Eis ist es hier wirklich nicht mehr einfach zu laufen oder zumindest sehr herausfordernd. Uns hat es hier jedoch am meisten Spaß gemacht. Das ist Natur! Es geht immer geradeaus am Fließ entlang bis zur **3** Hellmühle (⚠ Autos).

Dort auf das kleine Strälein nach links, durch den Ort. Am Ende des Orts an der Dreier-Wegegabelung geradeaus wieder in den Wald. Dieser Weg führt nun an einem ausgedehnten Moorgebiet rechte Hand vorbei. Wir bleiben für ca. 3 km auf diesem Weg, der sich leicht gen Westen zieht. Ihr stoßt dann auf eine kleine Lichtung, von der mehrere Wege abgehen, hier noch 100 m in eure bisherige Laufrichtung,

Info	
🚉	RB 24 bis Bhf. Rüdnitz
🅿	Am Langerönner Weg
🗺	Kompass Wanderkarte Berlin und Umgebung (WK 700) 1:50.000
🍴	Gasthaus Zum Spilling Bernauer Str. 34 16321 Rüdnitz Tel.: 03338-760383 www.zum-spilling.de
➕	Tierarzt Michael Berkner Biesenthaler Weg 24 16321 Ladeburg/Bernau Tel.: 03338-459969 www.tierarzt-berkner.de

dann links. Immer auf diesem Weg bleiben.

Nach 1,5 km kreuzt ihr wieder den ⚠ Radrennfahrerweg, schnell rüber, weiter geradeaus bis ihr auf eine Gartensiedlung stoßt. Der Weg geht in eine aspahltierte kleine Straße über (Hellmühler Weg). Schließlich stoßt ihr ⚠ auf die befahrene Dorfstraße von Rüdnitz, die wir bis zur Kirche und Friedhof laufen – begleitet vom Kläffen einiger Dorfköter, die plötzlich hinter Gartenzäunen auftauchen und ihren Auftritt des Tages haben.

An der Kirche dann links, nach 100 m kommt das Gasthaus „Zum Spilling", das bessere von den zwei Lokalitäten in Rüdnitz mit einem ganz schönen Garten und überraschend gutem deftigem Landessen. Sehr zu empfehlen.

OSTEN

TOUR 9

weite Blicke und Felder – wenig Wald – viele Obstbäume

Seefeld und die Barnimer Feldmark

Hundefreundlichkeit: Wenn man den Rundweg um den Haussee hinter sich gelassen hat und in die Barnimer Feldmark eintaucht, seid ihr fast für euch alleine. Neben dem Haussee wartet erst am Reiterhof Helenenau wieder ein kleiner See – also besonders wasserreich ist die Tour nicht, deshalb besser ab Spätsommer laufen oder viel Wasser mitnehmen. Rund um den Reiterhof fahren auf der Zufahrtsstraße ein paar Autos. Und: Auf dem Reiterhof sind natürlich auch Pferde.

Tour-Info	↔ 14 km	🕐 3,5 Std.	++✚ mittel
Start-Ziel:	RB-Bahnhof Seefeld (Rundwanderung)		
Wegecharakteristik:	leicht begehbare Wege, teils asphaltiert		

Nach Seefeld geht's sehr bequem ohne Umsteigen mit der Bahn. Dort angekommen lauft die Bahnhofstraße runter bis zur vielbefahrenen Berliner Straße, diese überqueren und in die Seestraße gehen. Links liegt die Fischerhütte (zum Essen der beste Ort am Platz), rechts die „Event-Location" Moderlieschen. Wir gehen am Moderlieschen vorbei, rechts davon liegt ein schmaler Weg, der direkt runter ans Ufer des Haussess führt. Beim Moderlieschen ist der Garten mit seinen loungigen Sitz- und Liegemöglichkeiten sehr schön, aber das soll uns für den Anfang unserer Tour nicht interessieren. An Pause machen ist vorerst nicht zu denken und so lassen wir alle Restaurationen links liegen und biegen am See nach links auf die Uferpromenade, die weniger promenadenhaft als schleichwegig ist, aber dafür begegnet man hier auch nicht Massen an Menschen.

Die Promenade bis zum Ende laufen. Dort seht ihr schon eine kleine **1** Schrebergartensiedlung. In die Straße „An der Welle" rechts rein und nun seid ihr schon auf dem Rundwanderweg um den Haussee. Am Rundweg gibt es alle paar Meter Infotafeln über Flora und Fauna der Barnimer Feldmark. Deren

Nase in die Luft – die Feldmark bot Otto einige neue Reize

Spezifikum ist eben: Nicht viel Wald, sondern Felder, Hecken, Büsche. Es ist ein wenig karger hier, aber die weiten Blicke auf die Felder sind großartig. Man kann immer mal den Blick schweifen lassen. Die Hunde sollten bei wärmeren Temperaturen unbedingt ab und an in den Haussee springen – so viel Wasser unterwegs gibt es nämlich nicht.

Wenn ihr ungefähr die Hälfte des Rundwegs hinter euch habt, genau an der Stelle, an der links vom Weg die Bebauung mit schmucken Einfamilienhäusern beginnt, deren Grundstücke zum Uferweg hin mit Zäunen abgegrenzt werden, müsst hier links ab vom Weg den leichten Anstieg hoch auf den Feldweg, der von beiden Seiten über hunderte Meter mit Obstbäumen gesäumt wird. Im Spätsommer kann man sich da wirklich von beiden Seiten bedienen und essen, zumindest wenn ihr Mirabellen mögt, einer Zwetschgenunterart.

Diesen Weg gehen wir über rund 2,5 km. Der Weg führt zu einem ersten

TOUR 9

Auf ins Feld!!!

Waldabschnitt der Tour. Sobald der Wald beginnt müsst ihr Acht geben: Nehmt den ersten rechts abgehenden Weg in den 2 Wald hinein. Es ist eine schöne Abwechslung zu den weiten Feldern zuvor. Im Sommer wird es hier immer noch kühl sein. Den Weg lauft ihr mit einigen Kurven immer geradeaus. An der Gabelung links und 300 m später wieder rechts. Nach weiteren rd. 1 km stoßt ihr auf den Helenenauer Weg. ❗ Achtung: Hier fahren ab und an Autos. Geht den aspahltierten Weg nach rechts. Rechte Hand kommen bald erste Pferdekoppeln. An der Kreuzung wieder rechts direkt zum **3** Pferdehof Helenenau. Auf das Gelände des Hofes könnt ihr mit angeleinten Hunden. Hinter dem 3. Gebäude rechts liegt ein kleiner Teich: Wer von den Vierbeinern also sich nochmal kurz erfrischen muss, bitte sehr. Da jetzt auch ungefähr Halbzeit ist, bietet sich am Teich (dort sind Bänke) auch eine kleine Pause an.

Danach geradeaus durch den Pferdehof auf das Waldstück zu. Am Ende des Wegs seht ihr auch schon die Wanderschilder. Wir gehen links Richtung Löhme. Ein paar Meter weiter seid ihr wieder mitten im Wald – zumindest für rd. 1 km, dann öffnet sich der Weg hin zur typischen Feldlandschaft. Der Weg führt euch schließlich im großen Bogen nach Löhme und zur Bernauer Chaussee (**!** Autos).

Lauft in den Ort rein. An der Kreuzung geht es rechts zur kleinen **4** Dorfkirche, einer Station des Jakobswegs, der hierdurch führt. Kaum 20 m nach der Kirche lauft links in den kleinen Weg: Er führt geradeaus zum einzigen offiziellen Hundebadestrand des Haussees. Am Haussee gehen wir nun links den Uferweg weiter, der nicht zu verfehlen ist und sehr gut ausgeschildert ist.

Am Ende der Ortschaft habt ihr die Wahl links hoch zur Straße den ordentlichen Weg zu laufen oder

	Info
🚉	RB ab Ostkreuz mit der NEB Richtung Werneuchen, Ausstieg Seefeld
🅿	An der Welle (Gartenkolonie)
🗺	Kompass Wanderkarte Berlin und Umgebung (WK 700) 1:50.000
🍴	Zur Fischerhütte Gaststätte & Pension 16356 Werneuchen OT Seefeld/Löhme Tel.: 033398-7926 www.zur-fischerhuette.de Moderlieschen Seestraße 14 16356 Werneuchen (OT Seefeld) Mobil: 0176-21851108 www.moderlieschen.com
✚	Dr. med. vet. Karsten Radermacher Berliner Strasse 28 16356 Seefeld Tel.: 033398-91370 www.tierarzt-radermacher.de

halbrechts den Trampelpfad direkt am Wasser – wir machen letzteres, mit Hund auf jeden Fall schöner als an der Straße. Aber auch der Trampelpfad trifft nach rd. 500 m auf die Löhmer Chaussee (**!** Autos). Bleibt rechts, an der Festwiese und dem Freibad vorbei. Direkt nach dem Freibad geht rechts der Uferweg weiter – der euch zum Ausgangspunkt führt. Spätestens dann habt ihr euch eine Pause beim Modlerlieschen (gut zum legeren Ausruhen) oder der Fischerhütte (für Essen die einzige Adresse im Ort) verdient.

Lenné-Landschaftspark – Barnimer Feldmark

Blumberg und der Herr Lenné

Hundefreundlichkeit: Durch die Ortschaft muss man sich durchwuseln, sobald ihr am Lenné-Park ankommt, wird es ruhiger – aber: Überall im Park herrscht ausdrückliche Leinenpflicht. Außerhalb des Parks warten lange Feldwege – hier trifft man bis Krummensee fast niemanden. Von Krummensee bis Blumberg verläuft eine längeres Stück entlang einer Straße, was als kleines Manko der Tour zu sehen ist. Einige Kilometer weiter verläuft der Autobahnring. Ein Grundrauschen ist überall hörbar.

Tour-Info	↔ 14 km	⏲ 3,5 Std.	++✛ mittel
Start-Ziel:	Bahnhof Blumberg (Rundwanderung)		
Wegecharakteristik:	leicht begehbare Feldwege, Teilabschnitte asphaltiert		

Blumberg ist ja so unglücklich eingeschnitten zwischen A 10 und B 158, dass wir früher immer dachten, dass dazwischen nichts wachsen würde. Aber: Dem ist nicht so. In Blumberg am Bahnhof ausgestiegen, laufen wir durch den Ort und finden es recht märkisch mit seinen backsteinernen Höfen, kleinen einstöckigen Bürgerhäusern, von denen einige wirklich liebevoll restauriert worden sind. In weiten Kreisen orientieren wir uns hin zur Schlossstraße – deren Name mehr verspricht als sie hält, denn ein Schloss gibt es hier nicht mehr. Stattdessen steht da eine Schule in Plattenbauweise. Das Schloss sah wohl hübscher aus: Auf einigen Infotafeln findet man Abbildungen. 1836 war es von einem von Arnim errichtet worden, der die namhaftesten Architekten seiner Zeit bauen ließ: Karl Friedrich Schinkel und Friedrich August Stüler. Den **1** Park gestaltete Peter Joseph Lenné. Nachdem der letzte Gutsbesitzer gestorben war, übernahm eine NS-Organisation das Gut und nutzte es als Schulungsort. 1945 wurde es von der einrückenden Roten Armee zerstört, da sich hier ein Wehrmachtsposten befand. Soviel zur Geschichte, wie gesagt: Überall im Park finden sich weitere Infostelen zum Nachlesen.

Von der Schlossstraße gehen wir in

Das lag auch am Wegesrand

den Park. Schwelgt ein wenig in dieser Landschaft, wandelt umher. Man kann sicher, wenn ihr alle Wege im Park einmal ablauft, 2 km an Strecke zurücklegen.

Wir laufen dann den breiten Weg südöstlich aus dem Park an den beiden kleinen Teichen vorbei. Am Parkrand treffen wir auf einen Feldweg – dort rechts bis zur Kreuzung, an der eine weitere Infotafel steht. Hier nun links auf den langen, langen Feldweg, der bis nach Krummensee führt. Dieser Feldweg ist wirklich lang. Zeit für tiefe Atemzüge, Blicke in den Himmel und die Wolken. Nach knapp 4 km erreicht ihr den Ort, ❗ Autoverkehr. Wenns

Total platt. Otto wollte nie wieder aufstehen

warm ist, kann Vierbeiner in den **2** Dorfteich mal 'ne Pfote tauchen. Nach der Runde durchs Dorf laufen wir in die Ringstraße, die in den befahrbaren Weg „Am Walde" führt. Am **3** Sendemast rechts abbiegen. Von hier nun geht's immer gerade aus zurück nach Blumberg. Wenn ihr euch denkt, dass das langweilig ist, müssen wir einwenden: Ja, aber man kann mal den Kopf abstellen und muss nicht dauernd auf Karte oder Phone starren, weil ihr ständig rechts, links, rechts durch die Natur streifen müsst. Es ist auch mal schön, wenn's im Leben einfach nur geradeaus geht, ohne Kurven und Abzweige. Eh es jetzt noch lebensphilosophischer wird, noch ein paar Worte zu Blumberg, das am Horizont bald schon auf eurem geraden Weg durchs Leben auftauchen wird: Neben der Schlossgeschichte gibt es noch die Unigeschichte, die erzählenswert ist. In den 60er-Jahren wurden Pläne ausgeheckt, die Humboldt-Uni erst mit den naturwissenschaftlichen Fakultäten, dann mit den geisteswissenschaftlichen komplett nach Blumberg zu verlagern. Blumberg wäre somit die Vorzeige-Campus-Universität des Ostens geworden, zehntausende Studierende wären täglich hier rausgepilgert oder hätten in Wohnheimen rund um den Schlosspark gewohnt. Aber gerade die Geisteswissenschaftler wollten nicht aus der Stadt raus – und dann kam ja auch schon die „Wende".

Und wenn ihr jetzt schon zurück in Blumberg seid: Unser Gastrotipp fällt hier mehr oder weniger aus, denn am besten ist ein Picknick im Lenné-Park.

Wer dennoch essen gehen will, hat zwei Möglichkeiten mit dem Lieschen (gutbürgerlich) und dem Aragon, das etwas eventgastronomisch unterwegs ist.

Info

H	ab Ostkreuz mit der NEB Niederbarnimer Eisenbahn Richtung Werneuchen, Austieg Blumberg
P	Schlossstraße/Ecke Spittelweg (vor der Schule/Kita)
🗺	Kompass Wanderkarte Berlin und Umgebung (WK 700) 1:50.000
🍴	Zum fleißigen Lieschen Kietz 2 16356 Ahrensfelde Tel.: 033394-445 Lieschen hat keine Website
✚	Dr. med. vet. Karsten Radermacher Berliner Straße 28 16356 Seefeld Tel.: 033398-91370 www.tierarzt-radermacher.de

TOUR 11

tiefer Wald – großer See

Von Altlandsberg bis Spitzmühle

Hundefreundlichkeit: Perfekte Hundetour mit nur wenigen Einschränkungen: Ab und an trefft ihr Pferde, am See sind einige Wandersleute unterwegs, aber insgesamt sehr ruhig und stressfrei.

Tour-Info	↔ 15,5 km	◕ 4 Std.	++✦ mittel
Start-Ziel:	Marktplatz Altlandsberg oder Parkplatz nahe am Reiterhof Waldkante (Rundwanderung)		
Wegecharakteristik:	Wanderwege, Feldwege, kurze asphaltierte Abschnitte und Straßen		

Perfekte Hundetour mit nur wenigen Einschränkungen: Ab und an trefft ihr Pferde, am See sind einige Wandersleute unterwegs, aber insgesamt sehr ruhig und stressfrei.

Wenn ihr in Altlandsberg startet, lauft als erstes zum Reiterhof Waldkante. Wir ziehen am Reiterhof vorbei. An der ersten Weggabelung nach links abbiegen und den Ausschilderungen (blaue Markierung) nach. Wenn ihr nach ca. 2 km auf die große Kreuzung kommt, geht nach links auf den gut ausgebauten Weg. Nach **1** der Wiese rechts abbiegen und für ca. 1 km dem Weg folgen. An der nächsten Kreuzung nach rechts und bis zu „An den Buchen". Dort links. Nun folgt der fast längste Streckenabschnitt: Lauft einfach geradeaus für rd. 2,5 km bis kurz vor der **2** Spitzmühle. Der letzte Abschnitt dorthin („Am Wasserwerk") ist **!** befahren.

Direkt hinter dem Wasserwerk und kurz vor der Spitzmühle (die nicht weiter sehenswert ist, weil verfallen und verlassen), geht links in den kleinen Weg, der runter zum Ufer des Fängersees führt. Wir bleiben auf dem Uferweg des Sees für rd. 2 km.

Iron-Dog-Option: Wer Lust auf mehr hat, geht einmal um den Fängersee herum (+4 km) und klinkt sich an der **3** Wesendahler Mühle wieder ein. Kurz vor der Mühle ist übrigens ein privates Tierheim – deshalb das viele Gebelle. Wir gehen die Mühlenstraße entlang, dann links zu der Ranch und dem Spielplatz. Am Spielplatz rechts ab. Nun für rd. 3 km immer geradeaus an der Waldkante entlang.

An der großen Kreuzung rechts hoch nach 4 Buchholz. Dort tuschieren wir kurz die Spitzmühler Straße, knicken aber in die Bruchmühler Straße ab nach links.

Auf dem letzten Abschnitt liegen rechts und links des Wegs Felder, dann kommt ihr wieder in den Wald und werdet es erkennen: Hier wart ihr schon einmal. Das letzte Stück ist identisch: an der großen Kreuzung rechts bis zum Reiterhof – oder weiter bis Altlandsberg.

Info

H	Mit der S 5 bis Hoppegarten, dann mit dem Bus 944 bis Altlandsberg Markt
P	Am Reiterhof Waldkante
🗺	Kompass Wanderkarte Berlin und Umgebung (WK 700) 1:50.000
🍴	Brau- und Brennhaus im Schlossgut Altlandsberg Krummenseestraße 1 15345 Altlandsberg Tel.: 033438-154528 www.schlossgut-altlandsberg.eu/restaurant/
✚	Tierarztpraxis Guddat Fredersdorfer Chaussee 21 / 22 15370 Fredersdorf Tel.: 033439-51460 in Notfällen: 0170 -3821398 www.tierarztpraxis-guddat.de

Auf dem Weg nach Buchholz

TOUR 12

stadtnah – schnell zu erreichen – aber viel los

Durchs Wuhletal wuseln

Hundefreundlichkeit: **Die Tour ist eine absolute Empfehlung für kalte Jahreszeiten, weil ab Frühjahr bis Sommer viele Leute, Radfahrer und Hundebesitzer durchs Wuhletal stromern. Dazu kommt: Die Strecke führt teils durch das ehemalige Gelände der IGA (Internationale Gartenausstellung), was die Besucherströme erklärt. Man ist im Wuhletal umgeben von Wohnsiedlungen und ihr seid fast noch richtig in der Stadt. Das müsst ihr berücksichtigen. Alle paar km überquert ihr Straßen und kreuzt S-Bahnstrecken. Dazwischen wundert man sich aber, wie wild es in der Stadt sein kann.**

Tour-Info	↔ 8 km	⏲ 2,5 Std.	✛✛✛ leicht
Start-Ziel:	S-Bhf. Ahrensfelde – S/U-Bahn Wuhletal (Streckenwanderung)		
Wegecharakteristik:	leicht begehbare Feldwege und Wanderwege, Teilabschnitte asphaltiert		

Diese Wegbeschreibung ist ziemlich einfach: Steigt am S-Bhf. Ahrensfelde aus und lauft die Havemannstraße gen Osten. Nach knapp 1 km stoßt ihr bereits ins Wuhletal. Wir orientieren uns am Verlauf der Alten Wuhle vorbei an den Heuwiesen und kreuzen die **1** Neue Wuhle. Es gibt immer wieder Möglichkeiten die Seiten zu wechseln, also mal rechts- oder linkswuhlisch zu laufen. Lasst euch einfach mal inspirieren – nur solltet ihr die Wuhle nie aus dem Blick verlieren, denn sie ist die ganze Strecke über euer Leitfaden.

Der Weg der rechten Wuhleseite ist zu einem großen Teil mit Betonplatten ausgelegt und für Radfahrer zum schnellen Fahren besonders geeignet. Vor allem im Sommer kommt es deshalb oft zu Raumnutzungskonflikten. Oft beobachtet: Keiner will dem anderen ausweichen. Aber wir sind schlau und geben auch mal nach, und laufen den Weg, der gerade weniger frequentiert wird. Da müsst ihr einfach mal hin- und herlaufen, Seiten wechseln, das ist immer mal unterschiedlich, auch wenn tendenziell die linke Seite leerer ist und mehr Schleichwege bietet. Rechte Hand kommt nun der Große

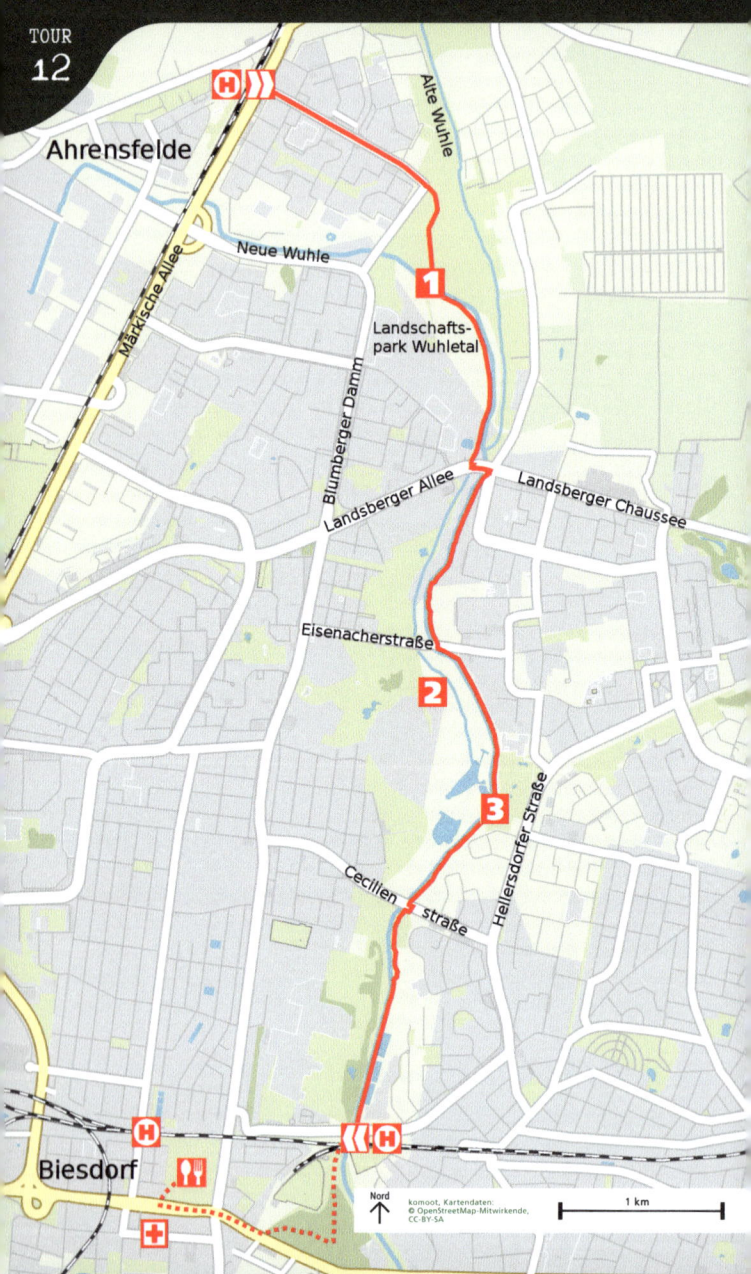

Ahrensfelder Berg (was man in Berlin halt Berg nennt) und danach der Fasanenpfuhl, eh ihr 🚦 die Landsberger Chaussee überquert.
Nach 1,5 km habt ihr den nächsten Abschnitt geschafft, wir überqueren die Eisenacher Straße.
Auf dem Abschnitt danach folgt rechte Hand das **2** IGA-Gelände und die Gärten der Welt, alles ist eingezäunt, was wir schade finden (wenn auch unter bestimmten Aspekten verständlich), aber es wäre schon schön das renaturierte Wuhletal nicht durch Zäune einzuengen. Etwas mehr freier Raum und weniger Zäune würde der Naturnutzung wohl zugute kommen. Wenn ihr das lest werden aber die meisten Zäune, die anlässlich der IGA errichtet worden sind, schon wieder entfernt worden sein.
Auf Höhe des **3** Jelena-Santic-Friedensparks kommen auf der rechten Seite nun einige kleinere Fischteiche. Wenn ihr die Cecilienstraße überquert habt, folgt der ruhigere Teil der Strecke vorbei an Weihern, an denen sich auch Reiher auf Jagd begeben – und das mitten in der Stadt.
Nächste Station: S/U-Bhf. Wuhletal. Hier geht's durch die Unterführung, danach rechts und über die Brücke. Hier erscheint die Wuhle am wildesten. Eine Pause an den Wiesen am Ufer der Wuhle solltet ihr euch gönnen. Am besten einfach dem Wasserrauschen zuhören.

	Info
🚇	Hin: S 7 bis Ahrensfelde, zurück ab Wuhletal : S 5 / U 5
🅿	Kemberger Straße (Ahrensfelde)
🗺	Kompass Wanderkarte Berlin und Umgebung (WK 700) 1:50.000
🍴	Café Schloss Biesdorf Alt-Biesdorf 55 12683 Berlin Tel.: 030-308777515 www.cafeschlossbiesdorf.de
✚	Tierärztliche Klinik für Klein- und Heimtiere Alt Biesdorf 22 12683 Berlin-Biesdorf Tel.: 030-5143760 www.tierklinik-in-biesdorf.de

Zwar ist der Bhf. Wuhletal unser eigentliches Ziel, aber wer noch Lust und Kraft hat, sollte unbedingt noch ein paar Kilometerchen laufen, die Biesdorfer Höhe erklimmen, und von der Höhe kommend nach rechts laufen, bis ihr auf die Straße Alt-Biesdorf stoßt. Diese bitte rechts, dann an den Autohäusern nach der Brücke vorbei, über die Kreuzung und dann rechte Hand in den Park von Schloss Biesdorf, ein neoklassizistischer Bau in einem riesigen alten Park. Im Schloss befindet sich ein Kulturzentrum, das allen offen steht. Wir empfehlen das Café mit der großen Terrasse und Blick in den Park. Das Angebot ist zwar überschaubar (nur Café und Kuchen und ein Tagesgericht), aber dieser Ort ist wirklich ein absoluter Geheimtipp.

TOUR 13

**direkt von der S-Bahn in die wilde Natur –
Highlight: Mühle Lemke – Baden im Stienitzsee**

Durchs Annatal zur Mühle Lemke

Hundefreundlichkeit: **Am Anfang führt der Weg für ca. 1,2 km direkt an der Bahnstrecke entlang.. Sobald ihr diesen ersten Part hinter euch habt, gibt's kein Halten mehr. Das Annatal ist dicht bewachsen, es gibt neben den Wildtieren im Inneren des Tals auch eingezäunt lebende Rinder. Zum Stienitzsee hin und am Ende lauft ihr Straßen entlang. Absolutes Highlight: Die Mühle Lemke mit ihrem Hofladen, denn da gibt's nicht nur Leckerchen für Menschen, sondern Hundefutter aus eigener Herstellung. Unbedingt hier Pause machen!**

Tour-Info	↔ 11 km	⏲ 2,5 Std.	✚✚✚ leicht
Start-Ziel:	S-Bhf. Strausberg (Rundwanderung)		
Wegecharakteristik:	Wanderwege, teils zugewachsene Pfade, zum Ende der Tour auch Straßenabschnitte		

Vom S-Bahnhof Strausberg kommend lauft ihr Richtung Ernst-Thälmann-Straße. Am Übergang/Kreuzung Bahnhofstraße/Ernst-Thälmann-Str. seht ihr schon die Wanderwegschilder, die euch gleich hinein in eine ganz andere Welt weisen.

Es ist wirklich phänomenal, wie sich die Luft plötzlich anders anfühlt, durch das Fließ, das ihr bald überquert, das Moor und die Feuchtwiesen herrscht in diesem Naturschutzgebiet eine andere Luftfeuchtigkeit. Es fühlt sich im Sommer fast tropisch an. Naja, also nach eher norddeutschen Maßstäben zumindest. 🚨 Achtung: So schön dieser Abstieg in die Natur hier auch ist: Nebenan, also links der Wegstrecke, liegen die Bahngleise. Achtet da wirklich die ersten 1,2 km drauf. Erst wenn der Weg rechts abgeht, seid ihr sicher. Bleibt immer auf dem Rundwanderweg durchs Annatal. Zwar führen Wege immer wieder rechts ab, die jedoch irgendwann enden und auf ein eingezäuntes Areal führen, in dem Heckrinder zur natürlichen

Die Futtermühle Lemke

Pflege von Wald und Wiesen gehalten werden. Denen wollen wir nicht zu nah kommen, zum Inneren des Gebietes hin wird es sowieso immer feuchter und mooriger. Der Rundwanderweg bietet aber auch alles: Gute Ausblicke hinab ins Tal, Lehrtafeln erklären ein bisschen was zu Flora und Fauna.

Der Weg führt euch aus dem Wald zu bewirtschafteten Wiesen, erste Häuser liegen am Wegesrand. Schließlich kommt ihr nach Hennickendorf, wo ❗ Nutztiere und Pferde auf Koppeln am Wegesrand gehalten werden. Unübersehbar ist die 🟧1 Mühle Lemke, die seit 5 Generationen in Familienhand ist und auf Futtermittel für Tiere spezialisiert ist. Hier wird auch eigenes Hundefutter aus Tieren hergestellt, die gegenüber auf den Weiden gehalten werden. Auch gibt es hier ein ganzes Zoofachgeschäft. Im Hofladen gibt es Wurst aus eigener Herstellung, Brot aus eigenem Korn, Kaffee und Kuchen. Der Innenhof der Mühle lädt zur Pause ein – ein Traum! Im Sommer werden auch die Kakadus der Familie in den Innenhof gestellt. Einer ist besonders sprachbegabt und plapperte gleich Ottos Namen nach. Der guckte irritiert, lief zum Kakadu, der freute sich. Otto setzte sich wieder hin. Kakadu: „Ottoooooo!!!!" Und so ging es die ganze Zeit. Der Kakadu sah fast so aus, als wenn er sich über Otto lustig machen würde. Da ist noch ,ne kleine Rechnung offen zwischen den beiden. Aber Otto fand es trotzdem großartig hier. Er bekam vom Mühlen-Besitzer noch eine getrocknete Luftröhre. Ist doch auch was! Wer sich noch mit Schrot- und Quetscherzeugnissen der Mühle eindecken will, greife zu, oder schaue sich die Ferienwohnungen in der Mühle an – da kann man nämlich Urlaub machen. Ansonsten geht's weiter, aus der Mühle raus nach links. Der Weg wird nun zur Straße, die aber kaum befahren ist und auf eine größere Kreuzung führt. Wir laufen in die Strausberger Landstraße (mehr Verkehr !), die in die Friedrichstraße übergeht.

Wir sind jetzt mitten im Ort, aber keine Sorge: Biegt rechts in die Ringstraße, an deren Biegung rechts der Wald wieder anfängt. Da geht ein kleiner Uferweg rechts ab. Nun ist es wieder ruhiger, aber natürlich trifft man hier dennoch Leute aus dem Ort, die spazieren oder schwimmen gehen.

Am Ende des schönen Uferwegs liegt ein breiter Strandabschnitt, der zum Baden einlädt. Hier mündet übrigens das **2** Annafließ in den Stienitzsee. Da keine Brücke über das Fließ führt, geht's rechts hoch, bis zur Kreuzung, dann den Schildern nach Strausberg folgen.

Wir überqueren das Annafließ und stoßen auf eine Weggabelung:

Info

🚉	S 5 bis Strausberg
🅿	Um den Bahnhof Strausberg herum am Straßenrand, keine ausgewiesenen Parkplätze
🗺	Kompass Wanderkarte Berlin und Umgebung (WK 700) 1:50.000
🍴	Mühle Lemke Mühlenstr. 7 15378 Hennickendorf Tel.: 033434-7430 www.futtermuehle-lemke.de
✚	Tierarztpraxis Strausberg Heiko Irmscher Landhausstraße 20 A 15344 Strausberg Tel.: 03341-475805 Mobil: 0172-3847810 www.tierarztpraxis-strausberg.de

Links führt der Weg wieder zum Stienitzsee, wir gehen rechts die Anhöhe hoch. Unser Weg führt direkt auf die Kaserne zu. Wenn ihr am Zaun der Kaserne seid, biegt rechts ab und lauft auf die Hennickendorfer Chaussee zu.

An der ! stark befahrenen Straße könnt ihr schnurrstracks zurück zum Bahnhof kommen, aber dann lauft ihr die ganze Zeit an der Straße. Wir empfehlen: Erst mal rechts, die Straße überqueren. Kurz vor dem **3** Bildungszentrum geht ein kleiner Weg ab, der wieder ins Annatal führt. Kurz vor den Bahngleisen, lauft ihr links auf den Weg, raus aus dem Tal, zurück zum Bahnhof.

Action im Annatal

TOUR 14

eins der wenigen erhaltenen Fließtäler Berlins

Zu den Wiesenlandschaften des Erpetals

Hundefreundlichkeit: Das Erpetal ist touristisch gut erschlossen und findet sich in fast allen Wanderführern – entsprechend belebt kann es dort sein, weshalb wir vor allem im Herbst/Winter ins Erpetal gehen – dann ist es ruhig. Hundefreundlich ist es, weil ihr von Anfang bis Ende immer Wasser an eurer Seite habt. Wer im Sommer unter der Woche mal durchs Erpetal streift, hat dann zumindest keine Probleme mit der Hitze. Abkühlung jederzeit möglich. Rund um Heidemühle verstärktes Pferdeaufkommen. Die weiten Wiesen laden zum Rennen ein.

Tour-Info	↔ 7 km	◷ 2,5 Std.	✛✛✛ leicht
Start-Ziel:	S-Bhf. Friedrichshagen (Rundwanderung)		
Wegecharakteristik:	Feld- und Wiesenwege, Wanderwege		

Start in Friedrichshagen: Wenn ihr aus der S-Bahn kommt, gleich unter der Brücke links und nochmal links, rein in den Kurpark Friedrichshagen. Geht ruhig ein wenig umher, orientiert euch aber Richtung Nordwesten hin zur Straße „Hinter dem Kurpark". Diese Straße überqueren wir. Etwa auf Höhe des **1** Sportcasinos führt ein Weg (ebenfalls „Hinter dem Kurpark") zum Erpetal. Ihr findet auch diverse Hinweisschilder, also es ist kaum zu verfehlen. Lauft auf jeden Fall rechts der Erpe, denn nur dieser Weg ist durchgehend. Wir laufen nun rund 750 m und überqueren den Hauptweg.

Rechts der Erpe wandern wir weiter, die Wege werden nun immer pfadiger, bis wir auf die Mühlenstraße stoßen. **!** Achtung: Hier befinden sich Reitställe. Lauft rechts in die Mühlenstraße/Ravensteiner Mühle, Ecke Erpestraße, in die wir bis zum Ende laufen. Hier ist auch der **2** Start des Naturlehrpfads zwischen Ravensteiner Mühle und Heidemühle, der aus insgesamt 12 Stationen besteht. Zur Orientierung: Unsere Hundewanderung ist identisch mit den Stationen 1 bis 5 des Naturlehrpfads. Der Pfad verläuft durch den Wald etwas oberhalb der Erpe. Erst nach Station 3, der

Erlebnisstation zum Mitmachen mit Klangelementen, Barfußparcours und anderem, was eure Sinne freisetzt, führt der Weg wieder nah an die Erpe.

An der 3 Heidemühle haben wir dann die Hälfte dieser Wanderung hinter uns. Ihr werdet vergebens nach einer Mühle hier suchen, die gibt es nicht mehr, aber dieser Punkt mit seiner Brücke und einigen Häusern ist nicht zu übersehen. Wer Lust hat, kann den ausgeschilderten Naturlehrpfad weitergehen – er führt nun in etwas größerem Bogen hinter dem Haus an der Brücke weiter. Wir finden den Weg direkt am Ufer der Erpe schöner – er führt zu der weiten Wiese, die ihr sicher auch schon vom gegenüberliegenden Weg aus gesehen habt. Der unbegrenzte Blick vermittelt ein Gefühl von Freiheit. Genießt es, denn wenn es nah an die Mühlenstraße nun geht, wird der Weg an der Erpe zum engen Pfad. Im Sommer ist es hier so zugewuchert, dass eine Machete nicht schlecht wäre. Wer hochgewachsene Brennesseln, Disteln und andere Wegerichgewächse sehr schlimm findet, sollte den zivilisierteren Naturlehrpfad nehmen. Aber wie gesagt: Das ist hier nur im Sommer richtig zugewachsen.

An der Ravensteiner Mühle zurück, laufen wir nicht denselben Weg Richtung Friedrichshagen, sondern wechseln die Seiten. Also rein in die Ravensteiner Promenade, vorbei an den links liegenden Einfamilienhäusern und den Gartenkolonien. Ans Wasser kommen wir nun für rd. 1 km nicht.

Wenn ihr am Hauptweg angekommen seid, überlegt, ob ihr noch einmal die Seite wechselt. Dann lauft ihr denselben Weg zurück bis Friedrichshagen. Oder ihr geht eine Variation über den Schmaler Weg – bis zu Hinter dem Kurpark.

Ab da dann zurück durch den Kurpark zum S-Bahnhof.

Info

H	S 3 bis Friedrichshagen
P	Parkplatz Schöneicher Straße, direkt hinter S-Bahnhof
🗺	Kompass Wanderkarte Berlin und Umgebung (WK 700) 1:50.000
🍴	je nach Bedarf: Lauft in die Bölschestraße nach Friedrichshagen rein. Rechts und links findet ihr Cafés oder Restaurants, Bäckereien und Imbisse.
✚	Tierärzte Gerd Becher und Jörg Lange Müggelseedamm 170 12587 Berlin Tel.: 030-6451611 www.tieraerztepraxis-berlin.de

TOUR
15

Berliner Bergtour – Teufelssee – Schwimmen in der Dahme

Drei Berge an der Dahme

Hundefreundlichkeit: Obwohl das Naherholungsgebiet rund um die Müggelberge sehr populär ist, kann man anderen Leuten ganz gut aus dem Weg gehen. Ein Teil der Tour verläuft an der Dahme – da habt ihr Wasser satt. Ab und an kreuzt ihr befahrene Straßen, am bekannten Ausflugslokal Müggelturm ist viel los, auch weil sich zu dessen Füßen ein Bootsanleger befindet. Aber wer da zu große „Kollisionsgefahren" sieht, kann die etwas einsameren Pfade durch die Müggelberge wählen.

Tour-Info	↔ 11,5 km	⏱ 3,5 Std.	++✢ mittel
Start-Ziel:	Bushaltestelle Rübezahl (Rundwanderung)		
Wegecharakteristik:	Wanderwege, Pfade, asphaltierte Abschnitte		

Mitten in Berlin liegen die Müggelberge: Sie gehören zu einem der bekanntesten Naherholungsgebiete der Stadt und dennoch wollten wir schauen, ob wir hier nicht auch eine hundegerechte Tour zusammenbekommen. Wessen Hunde völlig ungestresst mit anderen Vierbeinern kommunizieren und kein Problem mit Radfahrern und Wanderern haben, der kann problemlos selbst zu den Hotspots dieser Tour vordringen. Wenn ihr von der Bushaltestelle Rübezahl kommt, lauft rechts in den Wald hinein Richtung **1** Teufelssee, den ihr nach ca. 500 m auch schon erreicht. Es lohnt sich hier ein wenig zu verweilen und einmal rund um den See zu laufen sowie die Stege quer über die Feuchtwiesen am Rande des Sees zu betreten. Es gibt hier viel zu entdecken, Vögel, Geräusche, es gibt wunderbare Sitzmöglichkeiten auf den Stegen mit Blick auf den See. Also hier könnt ihr tief Luft holen, eh es in die Berge geht.

Am südlichen Teil des Sees seht ihr die Treppen hoch zum **3** Kleinen Müggelberg – diese Treppen steigen wir NICHT hoch, sondern laufen den sanft nach oben steigenden Weg, der zur **!** Downhillstrecke

Teufelssee

(einem Parcours für BMX-Radfahrer) führt. Hier solltet ihr wirklich anleinen, damit es zu keinen Kollisionen kommt. Nach rd. 500 m stoßt ihr auf den Kammweg und seht linke Hand dann den **2** Rumpf eines Fernsehturms – der in den 50er-Jahren einmal als Ostberliner Fernsehturm mit einer Höhe von 130 m geplant war. Weil der Turm in der Einflugschneise vom Flughafen Schönefeld lag, wurde er nicht zu Ende gebaut. Die ersten Etagen wurden lediglich wetterfest gemacht. Seit den 60er-Jahren nutzte die Stasi den Rumpfturm als Abhörstation.

Zurück auf dem Kammweg laufen wir bis zur Wohnsiedlung „Am Müggelberg". Kurz vorher geht rechts ein Weg ab. Nach rd. 150 m wieder rechts. Diesen Weg laufen wir nun für 1,8 km nach Westen – bis ihr zu der großen Treppe kommt, die zum **3** Müggelturm führt (und nicht zu verwechseln ist mit dem vorher beschriebenen Fernsehturmrumpf). Wem es hier zu überfüllt ist: Parallel zu unserem Weg verläuft etwas oberhalb ein kleiner Pfad. Es gibt immer wieder rechts abgehend Querverbindungen dahin. Probiert es einfach aus und macht es von der Lage an eurem Wandertag abhängig. Auch dieser Pfad läuft auf die Treppe zu.

Auf jeden Fall ist der Müggelturm,

TOUR 15

Kunst am See...erkennt ihr das Gesicht?

ein Aussichtsturm mit einem Ausflugslokal, eine Pause wert. Die Treppen dorthin können wirklich anstrengend sein, aber oben angekommen, können wir uns erst einmal ausruhen. Leider dürfen Hunde nicht ins Lokal. Es gibt aber eine Hunde-Area unterhalb der Terrasse. Gut, wirkt ein bisschen nach katzentisch, aber vielleicht ändert sich das nochmal, wenn wir alle immer ganz nett dauernd nachfragen, wieso wir denn nicht auch auf die Terrassen dürfen.

Nach der Stärkung stürzen wir uns die Treppe herunter, auf der ersten Ebene nach unten bitte rechts ab. Der kleine Weg führt euch im Linksbogen auf die **!** Straße „Weg zur Marienlust". Nach ca. 500 m bald rechts ab (Parkplatz), hinter dem Parkplatz geht's weiter geradeaus bis runter zur Dahme. Wasser!!! Unmittelbar an der Stelle, wo euer Weg auf die Dahme trifft, ist ein Bootsanleger. Geht ein Stück zur Seite – dort hat man guten Zugang zum Wasser. Rechts laufen wir am Ufer der Dahme weiter – bis zur **4** Gaststätte Schmetterlingshorst und später bis zum **5** Freibad Wendenschloss.

Hinter dem Freibad, kurz vor dem Neuen Wiesengraben erneut rechts in den Wald. Der Weg verläuft gerade nach Norden. Nach rd. 600 m stoßt ihr auf den Schwarzen Weg, den wir rechts reinlaufen. Nach 800 m überqueren wir

Info

🚍	S 3 bis Köpenick, Bus 169 bis Haltestelle Rübezahl
🅿	Parkplätze am Ende der Straße „Zum Müggelturm"
🗺	Schöne Heimat Radwander- und Wanderkarte Müggelsee und Umgebung
	Kompass Wanderkarte Berlin und Umgebung (WK 700) 1:50.000
🍴	Müggelturm Straße zum Müggelturm 1 12559 Berlin Tel.: 030-65489950 www.müggelturm.berlin
✚	Kleintierpraxis Dr. Jörg Lode Dr. Jörg Lode, Jana Richter Kietz 20 12557 Berlin Tel.: 030-6515109 www.kleintierpraxis-köpenick.de

! die Straße „Zum Müggelturm", um direkt gegenüber den letzten Gipfelsturm zu wagen: Wir laufen hoch auf die Kanonenberge. Die kleinen Pfade winden sich um die rd. 70 m hohen Hügel, hoch und runter und wieder hoch auf den zweiten Kanonenberg. Querdurch bringt euch der Weg zum Ende der Straße „Zum Müggelturm". Dort laufen wir auf den großen Parkplatz zu, biegen aber gleich links in den Weg, der leicht nach unten zum **1** Teufelssee führt. Kurz vor dem See links und runter zur Bushaltestelle Rübezahl.

TOUR
16

das wildeste Berliner Fließtal

Unkenrufe ins Löcknitztal

Hundefreundlichkeit: **Viel Wasser, die Wege führen fast durchgehend am Ufer der Löcknitz entlang. Am Abschnitt nach der Autobahn, die unterquert wird, folgen bis Grünheide zwei Gatter, in denen Schafe gehalten werden – die Schafsherden laufen aber auch mal frei durch das Löcknitztal außerhalb der Gatter. Wir standen einmal Auge in Auge mit einem Schaf mitten im Wald.**

Tour-Info	↔ 13 km	⏱ 3 Std.	++✚ mittel
Start-Ziel:	S-Bhf. Erkner – Grünheide/Mark (Streckenwanderung)		
Wegecharakteristik:	Wanderwege, teils zugewachsene Pfade		

In Erkner angekommen lauft von der Bahnhofstraße in die Friedrichstraße, überquert die Brücke über das Flakenfließ, dann in die Ernst-Thälmann-Straße bis zur Fürstenwalder Straße. Über die Gleise hinweg in die Fangschleusenstraße. Am **1** Steakhaus (möge es lange existieren) rechts rein in den Leistikowweg. Hier befindet sich ein großer Parkplatz für die Autofahrer.

Der Weg führt uns bereits nah an die Löcknitz – unsere erste Begegnung, auch wenn die Strecke hier noch nicht unmittelbar am Ufer verläuft und dieser Teil der Neuen Löcknitz sowieso kanalartig begradigt und für Boote freigegeben ist, also nicht ganz so romantisch, wie es später noch sein wird.

An der **2** Gabelung entscheidet euch: Wollt ihr den ordentlichen Wanderweg um den Wupatzsee? Dann bitte links. Rechts ab geht ein Pfad, zu dessen Anfang sogar auch noch ein Schild darauf hinweist, dass das kein Wanderweg ist. Aha. Deutschland! Wir gehen die wilde Variante, den Nicht-Wanderweg, einem wirklich schmalen Pfad, zugewuchert, zwischen Neuer Löcknitz und Wupatzsee liegend. Eine Machete wäre im Sommer nicht schlecht, aber wir ertragen heldenhaft die Brennesseln bei kurzer Hose. Ist ja nicht so, dass man empfindlich wäre.

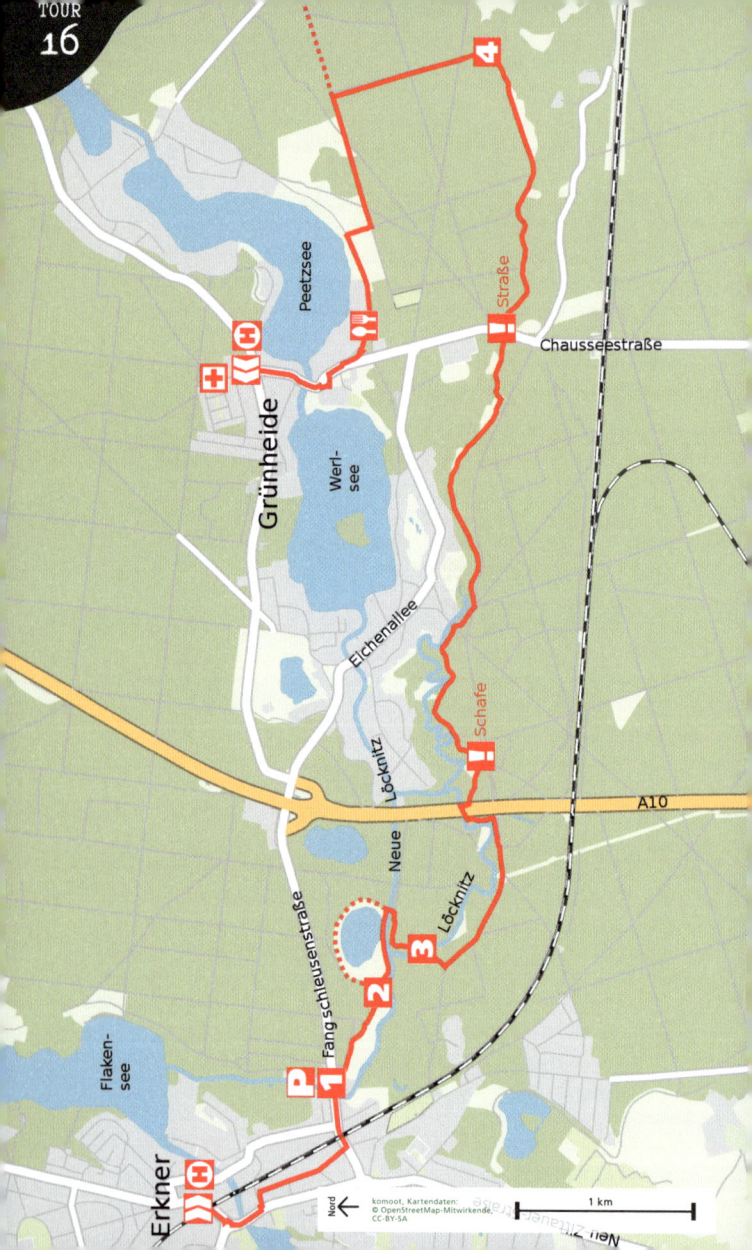

Blick auf den Wupatzsee

Am Wupatzsee kommt eine kleine Holzbrücke, über die es weitergeht, der Pfad führt dann etwas nach oben – rechte Hand führt eine weitere Brücke nun über die Neue Löcknitz auf die Löcknitzinsel, einem Abschnitt umflossen von Neuer und Alter Löcknitz. Wir

TOUR 16

Holzbrücke an der Neuen Löcknitz

folgen den Ausschilderungen zum Löcknitztalweg.
Es folgt eine weitere 3 Brücke und ein Weg, der zum Oberförstereiweg führt. Den biegen wir links ab bis zur Kleingartensiedlung und der Autobahn. Der Wanderweg führt unter der Autobahn hindurch, die Autobahn ist abgesperrt – da kann also kein Vierbeiner plötzlich draufrennen. Ihr seid sicher, aber das Autogebrause stört schon mächtig, so sehr, dass man sich leise Elektroautos so schnell es geht wünscht. Vor allem steht der Krach in einem so großen Widerspruch zu den Bildern von der nach der Autobahnunterführung immer wilderen Alten Löcknitz. Lasst euch treiben durch diese alte Landschaft. Achtet nach der Autobahn noch auf die ❗ Schafsherden, die hier gehalten werden, aber danach werdet ihr in eine andere Welt entführt. Der Löcknitztalweg ist immer gut ausgeschildert, verloren gehen könnt ihr nicht. Außerdem habt ihr die Löcknitz ja als Orientierung. Um ein paar km Strecke zu machen, laufen wir ca. 3 km bis zur ❗ Chausseestraße, die wir überqueren. Danach führt der Weg auf der nördlichen Löcknitzseite weiter. Nach ca. 1,6 km, etwa auf der Höhe der 4 Ortschaft Schmalenberg, drehen wir links ab.

Info	
🚇	Hin: S 3 bis Erkner
	Zurück: mit Bus 436 von Grünheide Marktplatz bis Erkner
🅿	Parkplatz Fangschleusenstraße/ Leistikowweg
🗺	Kompass Wanderkarte Berlin und Umgebung (WK 700) 1:50.000
🍴	Hotel Seegarten Am Schlangenluch 12 15537 Grünheide Tel.: 03362-79600 www.seegarten.org
✚	Dr. med. vet. Ariane Valentin Am Marktplatz 7 15537 Grünheide (Mark) Tel.: 03362-880084 www.tierarztpraxis-valentin.de

Wer will und in totaler Wanderlaune ist, kann die Tour mit Iron Dog-Option geradeaus weiterlaufen: Bis nach Kienbaum. So wird die Tour insgesamt zur 25 km-Tour – bitte nur für trainierte Hunde und Frauchen/Herrchen. Von Kienbaum Kirche fahren Busse über Herzfelde zurück nach Erkner (Bus 429). Die anderen wandern stattdessen nach Grünheide über das Schlangenluch in die Ortsmitte zum Marktplatz, von dem aus auch die Busse zurück nach Erkner fahren.

TOUR 17

gut ausgebauter Uferweg – umgeben von Wasser –
gute Schwimmmöglichkeiten

Große Krampe und Seddinsee

Hundefreundlichkeit: Es gibt Wasser satt, selbst an heißen Tagen kann man diese Tour deshalb gehen. Dann muss man die Wege allerdings mit einigen anderen Besuchern teilen. Achtung: Gleich am Anfang der Tour steht das Forsthaus. Ansonsten: Keine Einschränkungen, sehr stressfrei.

Tour-Info	↔ 10,5 km	⏱ 3 Std.	✚✚✚ leicht
Start-Ziel:	Bus-Haltestelle Alt-Müggelheim (Rundwanderung)		
Wegecharakteristik:	Wanderwege		

In Müggelheim starten wir, laufen nach Osten aus Müggelheim heraus auf dem Gosener Damm. Gleich nach der Bushaltestelle gehen wir rechts den ersten Weg rein, der zur Wasserrettungsstation der Arbeiter-Samariter führt. Hier ist auch ein erster kleiner Strand, an dem es links vorbei weitergeht. Der Waldpfad geht über in den Hegemeisterweg, einer Zufahrt zum **1** Forsthaus, wo einige Jagdhunde gehalten werden, die sich sehr deutlich am Zaun bemerkbar machen. Wir ziehen brav weiter.

Am Ende des Forsthausgeländes gleich wieder rechts rein auf den Uferweg, der zu Julchens Winkel führt. Ab hier kann man sich jetzt alle weiteren Beschreibungen sparen, denn ihr könnt euch nicht mehr verlaufen. Wir bleiben die ganze Zeit auf dem Uferweg, der entlang des Ufers der Großen Krampe führt bis zur Windecke – der Spitze der Halbinsel **2**, die wir umrunden. Wenn ihr an der Windecke angekommen seid, ist fast schon „Bergfest". Zeit für eine Pause? Wenn nicht: Weiter geht's den Uferweg entlang der Kleinen Kampe, einer Einbuchtung. Der Weg führt nun am Ufer des Seddinsees entlang. Rechts taucht nach ¾ der Strecke die kleine Insel Seddinwall auf – ein Naturzeltplatz, der vom Landes-Kanu-Verband Berlin betrieben wird und auch Nicht-Mitgliedern

zugänglich ist. Er ist einer der schönsten Zeltplätze Berlins, umgeben von Wasser und außer einem Plumpsklo gibt's keine zivilisatorischen Erleichterungen. Nur: Leider ist die Insel für Hunde No-go-Area. Sie sind absolut verboten und da hilft auch kein Bitten und Betteln. Alles schon ausprobiert. Deshalb: Falls ihr mal ohne Vierbeiner per Boot unterwegs seid, gönnt euch dieses Naturerlebnis (vorher telefonisch anmelden). So blicken wir nur aus der Ferne zur Insel von der kleinen Raststelle gegenüber.

Die Strecke gegenüber der Insel Seddinwall führt euch zu diversen Badestellen. Erst am Ende der Bucht gegenüber der Insel, genauer: an der **3** Schweineecke, ändert sich das, es wird mooriger und schilfiger zum Ufer hin. Der Uferweg führt hier nicht mehr so eng am Wasser entlang.

Etwa 500 m nach der Schweineecke, vor Erreichen des Gosener Kanals, geht links nun der Winterweg ab, der euch schnurrstracks an den Ausgangspunkt zurückbringt, die Bushaltestelle am Gosener Damm. PS: Am Forsthaus kommen wir da nicht mehr vorbei.

Info

H	S 3 bis Köpenick, dann Bus 169/369 bis Alt-Müggelheim
P	Parkplatz direkt am Startpunkt, Hegemeisterweg (hinter der Wasserrettungsstation)
🗺	Kompass Wanderkarte Berlin und Umgebung (WK 700) 1:50.000
🍴	Gasthaus Müggelheim Alt-Müggelheim 15 12559 Berlin Tel.: 030-64836724 www.gasthaus-mueggelheim.de
✚	Tierarztpraxis Gosen Dr. Mark Korfmann Uferpl. 5 15537 Gosen-Neu Zittau Tel.: 03362-8059 Notfallnr.: 0178-5755078 keine Website

SÜDEN

TOUR 18

**Naturschutzgebiet mit zwei Seen –
wild belassener Wasserlauf**

Das Sutschketal bei Königs Wusterhausen

Hundefreundlichkeit: Viel Wasser an der gesamten Strecke, aber auch anfangs viel Auto- und Radverkehr. Habt ihr es aus Königs Wusterhausen rausgeschafft, wartet mit dem Sutschketal eine echte Perle auf euch. Am Krummer See sind viele Angler. Ab und an kreuzen Straßen. Insgesamt aber sehr entspannte Tour.

Tour-Info	↔ 17,5 km	⏱ 4 Std.	++✚ Mittel
Start-Ziel:	Bhf. Königs Wusterhausen (Rundwanderung)		
Wegecharakteristik:	Wanderwege, Pfade		

Königs Wusterhausen ist mit der S 46 gut erreichbar. Vom Bahnhof fallt ihr in die Bahnhofstraße, die ihr geradeaus Richtung Nottekanal lauft. Fast am Ende der Bahnhofstraße, kurz vor der Brücke, seht ihr **1** das Jagdschloss 1896, ein Restaurant mit großem Garten direkt am Kanal – darauf freut euch schon mal für das Ende der Tour. Wir gehen weiter und täuschen keine Müdigkeit vor: Ihr überquert die Cottbusser Straße und geht den Weg am Nottekanal weiter. Wenn euch jetzt noch der eine oder andere Radfahrer begegnet, wird sich das mit jedem km, den ihr lauft, ändern. Das dünnt sich schnell aus. 1,4 km verläuft unsere Strecke direkt am Kanal. Dann stoßt ihr auf die quer verlaufende große **2** Bundesstraße. Kurz vorher biegt ihr links ab (siehe auch die ersten Wanderschilder mit dem blauen Kreuz auf weißem Grund, das ist das Zeichen für den Sutschketalwanderweg).

Am Feld entlang geht es vorbei am Wohngebiet Waldeck, einer Neubaueigenheimsiedlung. Entweder lauft ihr den asphaltierten/geschotterten Weg – oder ihr nehmt links davon den kleinen Pfad durch das Waldstück. Beide Varianten führen zur **H** viel befahrenen Luckenwalder Straße. Dort rechts auf dem Radweg bis zur ersten Brücke, diese bitte unterqueren und kurz danach die Straßenseite wechseln und halb

Schloss Königs Wusterhausen

links in den Wald schlagen. Dort ist auch ein kleiner Parkplatz sowie diverse Infotafeln und Wegweiser. Hier finden wir das blaue Kreuz, den Hinweis auf unseren Sutschketalwanderweg, wieder.

Der nun folgende Hofjagdweg führt geradeaus in den Wald. Nach 1 km kreuzt die „Straße am Klärwerk" den Weg, die wir überqueren. Kurz danach, halb links, geht an der Kreuzung ein Weg weiter, der zum 3 Krummen See führt.

Ihr kommt nun an den Krummen See und folgt dem Uferweg. Am Krummen See werden euch ab Frühjahr H sehr viele Angler begegnen, die dort teils zu zelten scheinen und ganze Camps eingerichtet haben. Je nach Hundenatur kann es da schon mal zu Kollisionen von Interessen kommen, wenn Hund sich geradewegs ins Wasser stürzt und stoisch aufs Wasser schauende Anglergruppen dann verdutzt-wütend zu Herrchen/Frauchen hochschauen. Zum Glück machen unsere Vierbeiner das ja sonst nie, wie alles andere auch nicht. Ihr wisst schon.

Am Ufer schwelgen wir, gehen langsam weiter.

Nach 800 m stößt der Uferweg auf 4 ein Ferienlager der Russischen Botschaft. Der Weg führt hier links hoch am Zaun des Ferienlagers entlang in eine kleine Wohnsiedlung, oben angekommen sofort rechts. Wir umrunden quasi das Grundstück des Ferienlagers. An dessen Ende gleich wieder rechts rein runter zum Uferweg.

Nach einigen Minuten gelangt ihr ans Ende des Krummen Sees. Dort seht ihr eine Brücke und verschiedene Wegweiser. Entweder lauft ihr jetzt westlich oder östlich des Pritzelgrabens, janz nach eigener

Blick auf den Krummen See

Facon. Wir finden den östlichen Teil wilder. Aber egal, woher ihr lauft: Auf jeden Fall kommt ihr zum 5 Sutschkesee, der sehr klein ist, eigentlich eher ein zugeschilfter Teich, an dem man im Sommer von Mücken aufgefressen wird. Dort gehen wir den Hang zu der Bank kurz hoch und werfen einen Blick ins Tal. Back on track geht's danach halb links hoch und raus aus dem Tal. Wir kommen nach 6 Bestensee und laufen gerade aus dem Waldstück kommend und auf den Triftweg stoßend gleich links, vorbei an 🚻 Pferdekoppeln. Am Friedhof vorbei (rechts), dann direkt links hoch in die Franz-Künstler-Straße. Diese Straße wird von Weiden gesäumt. An der Gabelung links in die kleine Wohnsiedlung. Die Straße ist kaum befahren. An deren Ende einfach geradeaus in den kleinen Pfad am letzten Haus vorbei gehen. Der Weg ist da kaum erkennbar und im Sommer etwas zugewachsen. Einfach Durchschlagen! Nach ca. 30 m orientiert euch nach halb links Richtung Siedlung – das ist die mit dem **4** Ferienlager der russischen Botschaft. Daran gehen wir noch einmal vorbei, hier kreuzt sich unser Hin- und Rückweg. Am Ende der Straße Am Krummensee laufen wir rechts (links würde es wieder zurück an den Krummen See gehen). Nach 300 m links in den Wald. Nach 600 m stoßt ihr auf eine asphaltierte Straße, die rechts zum **7** Klärwerk führt. Achtung: Lieferverkehr. Kurz bevor ihr das Klärwerk erreicht, schlagen wir uns rechts in den Wald. Es wartet ein sehr breiter, nicht übersehbarer Wanderweg. Nun immer geradeaus für rd. 1 km bis ihr 🚻 die Bundesstraße unterquert. Danach links dem Weg folgen. Kurz vor den Bahngleisen geht rechts ein Pfad ab, der parallel zur Lackenwalder Straße verläuft.

Info

🚉 S 46
bis Königs Wusterhausen

🅿 Parkplätze direkt am Schloss, Gerichtsstraße/Schlossplatz

🗺 Schöne Heimat, Radwander- und Wanderkarte, Flutgrabenaue, Königs Wusterhausen und Umgebung

Kompass Wanderkarte Berlin und Umgebung (WK 700) 1:50.000

🍴 Jagdschloss 1896
Bahnhofstr. 25
15711 Königs Wusterhausen
Tel.: 03375-200700
www.jagdschloss-1896.de

✚ Fachtierarzt-Zentrum & Tagesklinik für Kleintiere
Anja Reczko und Dr. med. vet. Axel Reczko
An der Eisenbahn 16
15711 Königs Wusterhausen
Tel.: 03375-502139
www.tierklinik-berlin.de

Hier immer geradeaus bis ihr auf das große Gelände mit den **8** alten Garagen stoßt. Dort noch ein Stück weiter bis ganz zum Ende – ihr werdet dann auf die Cottbusser Straße kommen, die ihr links lauft, dann immer geradeaus zurück bis zum Nottekanal. Zurück im Zentrum von Königs Wusterhausen habt ihr euch eine Belohnung im Jagdschloss 1896 verdient. Sehenswert ist noch das Schloss von Königs Wusterhausen – Jagdschloss des Soldatenkönigs Friedrich Wilhelm I.

TOUR
19

Weinberg – vier Seen – mongolisches Essen – eine verbotene Stadt

Zesch am See und die brandenburgischen Weinberge

Hundefreundlichkeit: Wenn ihr vom Bhf. Wünsdorf aus lauft, habt ihr am Anfang einigen Straßenverkehr und einige „Moderationsaufgaben" vor euch bis ihr in den Wald abtaucht. Auf der Strecke werdet ihr immer mal wieder Radfahrer treffen oder an Kleingartenanlagen vorbeikommen. Die Tour ist aufgrund der Länge und des Erklimmens von Weinbergen in Zesch für trainiertere Vierbeiner geeignet.

Tour-Info	↔ 20 km	⏲ 5 Std.	++✚ mittel
Start-Ziel:	Wünsdorf Bhf. (Rundwanderung)		
Wegecharakteristik:	Wanderwege, enge Pfade, Bürgersteig / Straßenabschnitte, Radwege		

Wenn ihr in Wünsdorf Waldstedt aussteigt, könnt ihr entweder euch so schnell es geht in die Natur schlagen oder das kleine Örtchen erst einmal erkunden. Es gibt einen ausgeschilderten historischen Lehrpfad durch die Stadt, der sich lohnt, wenn ihr Zeit und Kraft habt. Denkt nur dran, dass diese Tour insgesamt recht lang ist! Der Ort war seit den 1930er-Jahren militärisches Sperrgebiet. Zunächst war hier die Kommandozentrale der Deutschen Heeresleitung, später hatte die Rote Armee hier ihren Hauptgefechtsstand. Bis Anfang der 1990er-Jahre blieb die Stadt Sperrgebiet – und vermarktet dieses Erbe mit seinen **1** unterirdischen riesigen Bunkeranlagen und eindrucksvollen Militärbauten. Daneben gilt Wünsdorf als Bücherstadt: Hier haben sich einige Antiquariate niedergelassen, die ihre Bestände in den alten Militäranlagen lagern. Also die Leseratten unter euren Vierbeinern könnten da dann noch neue Lektüre für den Feierabend nach der Wanderung einkaufen.

Jetzt geht's aber los: Vom Bahnhof kommend laufen wir durch die etwas spartanische Parkanlage Am Eiskutenberg, dann in die „Waldschneise", danach die „Rampe". Überquert die Cottbusser Straße (**H** stark befahren), um danach die zweite Möglichkeit links in den „Koschewoi-Ring" einzubiegen. Direkt,

Weite Felder bei Zesch am See

kaum 50 m weiter, geht rechts ein Weg ab, der an den Schmalacken, danach den Räuberkutten vorbeiführt. Nach etwa 2,5 km werdet ihr euch oberhalb des Kleinen Möggelinsees befinden.
Geht in Richtung Möggelinsee. Parallel zum bisherigen Weg etwas näher am Wasser verläuft ein Weg, auf dem wir unsere Tour fortsetzen. Dieser Weg führt nach ca. 1 km zum Großen Möggelinsee. An der Gabelung vor dem Großen Möggelinsee biegen wir rechts ab und machen einen kleinen Abstecher ans Westufer des Sees, da die anderen Uferregionen nicht zugänglich sind. Hier kann man also mal kurz ins Wasser hüpfen oder die erste Pause mit Seeblick einlegen. Die besten **3** Stellen mit Wasserzugang kommen nach rd. 500 m.

Danach laufen wir wieder zurück bis zur Weggabelung. Also nach der Brücke und der Überquerung des kleinen Fließes, das Kleinen und Großen Möggelinsee verbindet, geht es rechts weiter. Wir umrunden jetzt den Großen Möggelinsee und bleiben immer auf dem Rundweg, der nach Zesch am See führt. Unser Weg stößt **!** auf „Unter den Eichen" (Autos). Hier links nach Zesch rein. Am Ende der Straße befindet sich das **4** Forsthaus. Gegenüber davon die Eisdiele (falls ihr im Sommer hier seid). Links von der Eisdiele geht der „Radeländer Weg" ab. Hier findet ihr auch Ausschilderungen zum **5** Weinberg. Den solltet ihr euch unbedingt anschauen, denn dahinter steckt eine kuriose Geschichte. In Brandenburg wurde

Weinberg in Zesch am See

tatsächlich seit dem Mittelalter Wein angebaut. Zesch am See war eines der traditionellen Weinanbaugebiete der Region mit einem etwa zwei Fußballfelder großen Hang. Zu DDR-Zeiten verlor sich diese Tradition. Seit einigen Jahren versuchen Gemeinde und ein Verein wieder Wein anzubauen, was mit neuen Rebsorten gelungen ist (www.weinberg-zesch.de). Oben auf der Spitze des Weinbergs gibt es einige Bänke. Den Wein selbst kann man unten im Ort probieren. Zu empfehlen ist das mongolische Restaurant New Nomads (www.gasthof-new-nomads.de/) - dort kann man auch in mongolischen Jurten übernachten (Hunde sind erlaubt).

Dann: Entweder zurück zur Eisdiele und Forsthaus, die Straße „Unter den Eichen" bis zu dem Abzweig und dann links am Kleinen Zeschsee entlang.

Wer mehr machen möchte: Es gibt eine ausgeschilderte Rundwanderung um den großen und kleinen Zeschsee/Zescher Seenrundweg, rote Markierung. Diese Erweiterung bietet sich an, wenn ihr übernachtet.

Wir laufen die kürzere Variante, also die Strecke zurück zum Kleinen Zeschsee, an dessen nördlichen Ufer wir entlanglaufen. Dort gibt es einige schöne Badestellen. Nach dem See öffnet sich die Landschaft nach links mit weiten Blicken auf

Info

🚍	R7 Richtung Wünsdorf-Waldstadt, Bahnhof, Ausstieg Wünsdorf-Waldstadt
🅿	am Bhf. Wünsdorf-Waldstadt
🗺	Kompass Wanderkarte Berlin und Umgebung (WK 700) 1:50.000
🍴	Gasthof New Nomads Tomatensteg 1 15806 Zossen, OT Zesch am See Tel.: 033704-66523 www.gasthof-new-nomads.de
✚	Tierärztin Christina Netzer Schäferei 4 15806 Zossen Tel.: 03377-394001

die Wiesen (⚠ Achtung: Nutztiere). Dieser sandige Feldweg führt nach 6 Lindenbrück. Wir laufen jedoch nicht in den Ort hinein, sondern biegen kurz vorher in den Wald ab. Nach 400 m kommt eine Weggabelung – hier links. Nach rd. 800 m stoßen wir auf die ⚠ befahrene „Lindenbrücker Chaussee". Links in den „Seeweg", dann zur „Uferpromenade" am Wolziger See. Dieser folgen wir Richtung Norden (also nach rechts). Wir laufen immer geradeaus in den Wald hinein bis wir wieder zur „Lindenbrücker Chaussee/Lindenbrücker Weg" kommen. Ab hier müsst ihr nun an der Straße bis zum Bahnhof zurücklaufen: Geradeaus bis zur „Cottbusser Straße", dort biegt rechts ab. Nach 2 km geht die Straße zum Bahnhof links ab. Geschafft!

TOUR 20

durch die fast unbekannte Glasowbachniederung –
Krumme Lanke des Ostens

Von der Glasowbach-Niederung zum Rangsdorfer See

Hundefreundlichkeit: **In der Glasowbachniederung werden euch voraussichtlich kaum Menschen begegnen. In der Niederung ist es selbst im Hochsommer schön schattig – und danach wartet der Rangsdorfer See zum Baden und Abkühlen. Bei Regen ist die Niederung sehr matschig und eh durch moorige Abschnitte gekennzeichnet, aber je nach Vierbeiner kann das ja sehr hundefreundlich sein.**

Tour-Info	↔ 11 km	🕐 2,5 Std.	++✚ leicht
Start-Ziel:	Bhf. Dahlewitz – Bhf. Rangsdorf (Streckenwanderung)		
Wegecharakteristik:	Wanderwege, enge Pfade, Bürgersteig/Straßenabschnitte		

Vom Bahnhof kommend geht die Bahnhofstraße Richtung Pfarrkirche St. Nikolaus. Kurz vor dem Parkplatz, wo die Bahnhofstraße in den Zossener Damm übergeht, biegt ihr links ab in die **1** Glasowbachniederung. Von hier an geht's fast für 4 km immer geradeaus – kein Abbiegen, kein gar nichts. Orientierungspunkt bleibt immer der Zülowkanal und der Glasowbach. Das Gebiet, das ihr durchwandert ist ein sogenanntes Niedermoorgebiet. Vor Jahrzehnten befand sich hier ein See, dessen Wasserstand immer weiter absank und das langgestreckte, abgesunkene Moorgebiet formte. Es gibt hier nichts zu entdecken, keine Highlights – aber genau das ist das Tolle an der Tour, dass man sich durch das einsame Naturschutzgebiet treiben lassen kann. Nach 3 km werdet ihr schon ein Geräusch wahrnehmen: Das Rauschen von der Ringautobahn, die das Naturschutzgebiet durchschneidet. Ist ist ein krasser Kontrast, der hier aufeinanderstößt. Gerade war man noch versinken in die Natur und dann kommt die Autobahn.

Der Weg verläuft unter der **2** Autobahn. Direkt nach der Autobahn lauft nach links. Ihr werdet jetzt auch schon den Rangsdorfer See sehen, dessen oberer Teil auch Krumme Lanke genannt wird. Der See ist euer Orientierungspunkt. Wir laufen nun bis zur Südspitze des Sees den Uferweg

entlang. Entlang dieser rd. 3,5 km langen Strecke kommen immer wieder tolle Wasserstellen. Bei gutem Wetter unbedingt Picknicksachen dabeihaben. Ansonsten die Hunde auf jeden Fall mal schwimmen lassen.

Sobald ihr das Fußballfeld passiert (linke Hand) geht's im Bogen zum Strandbad Rangsdorf. In den 1920er-Jahren ein beliebtes Ausflugsziel der Berliner. Wir lassen das alles hinter uns, bleiben immer auf dem Weg, der bald als Seepromenade ausgeschildert wird. Nach rd. 2 km kommt das Denkmal für Stauffenberg, den Widerstandskämpfer gegen Hitler. Der geschichtliche Hintergrund wird auf einer Gedenktafel erklärt.

Kurz nach der Segelschule Rangsdorf nehmt ihr den zweiten Weg links ab – wir machen uns nun langsam auf den Weg zum Bahnhof. Lauft rd. 400 m auf diesem Weg bis zur Gabelung. Dort dann erneut links bis zur Stauffenbergallee. Dann: Krumminer Straße, Rangsdorfer Ring, Puschkinstraße, Walther Rathenau-Straße, dann in die Seebadallee bis zum Bahnhof.

Iron-Dog-Option: Zurück zum Ausgangspunkt (Bhf. Dahlewitz), dann kommt ihr auf ca. 22 km.

Info

H — RE 5 Richtung Wünsdorf-Waldstadt, Ausstieg Bhf. Dahlewitz, Rückfahrt RE 5 ab Rangsdorf

P — Am Bahnhof Dahlewitz, gegenüber vom Bürgerhaus

Karte — Kompass Wanderkarte Berlin und Umgebung (WK 700) 1:50.000

Gastronomie — Seehotel Berlin Rangsdorf
Am Strand 1
15834 Rangsdorf
Tel.: 033708-92880
www.see-hotel-berlin.de

Tierarzt — Tierarztpraxis M.Wrasse
Madeleine Wrasse
Ahornstraße 27
15834 Rangsdorf
Tel.: 033708-73164
Mobil: 0171-6949975
www.tierarztpraxis-m-wrasse-rangsdorf.de

Kurz vor dem Rangsdorfer See

TOUR
21

Schloss Diedersdorf – weite Felder und kleine Wälder –
für Geschichtsinteressierte: Gedenkort Mahlow

Mal was Herrschaftliches: Schloss Diedersdorf

Hundefreundlichkeit: Diese Tour ist super, wenn eure Vierbeiner kein Problem mit Straßenabschnitten haben, 2 km entlang einer Bahntrasse laufen ohne auszubüchsen (oder eben abschnittsweise brav an der Leine laufen können). Das Highlight der Tour ist Schloss Diedersdorf: hier sind bei gutem Wetter viele Leute unterwegs, drumherum sind Pferdekoppeln und es gilt Leinengebot. Also insgesamt eine Tour, die viel Zurückhaltung von den Fellnasen fordert. Wer damit keine Probleme hat, oder es als positive Herausforderung empfindet, wird eine sehr abwechslungsreiche Tour erleben.

Tour-Info	↔ 17 km	⏲ 4,5 Std.	++✚ mittel
Start-Ziel:	Bhf. Mahlow (Rundwanderung)		
Wegecharakteristik:	Straße, landwirtschaftliche Wege mit Betonplatten, Wanderwege		

Vom Bahnhof Mahlow geht's los (hier ist auch direkt ein großer Parkplatz): Stürzt euch in die Beethovenstraße, die ihr ca. 1 km schnurrstracks langlauft. Nur einige Meter nachdem die Richard-Wagner-Chaussee links abgeht, biegt ihr ebenfalls links an einem Feldweg ab, der euch vorbei an zwei Tümpeln in ein Waldstück namens Hammelfichten führt. Geht erst geradeaus, dann links am Waldrand entlang. Der Weg führt euch im rechten Bogen auf einen nach Süden führenden Weg. Dort links, nach ca. 500 m stoßt ihr auf einen weiteren Feldweg. ❗ Achtung: Dieser Feldweg verläuft nur ca. 300 m parallel zu einer Bahntrasse, die nicht mit Zäunen gesichert ist.
Nach 1 km kommt ihr in ein Waldstück. Dort links. Der Weg führt euch im rechten Bogen durch den Wald, vorbei an einem kleinen, abgezäunten Gewerbegebiet, ggf. kommen euch hier ❗ LKWs entgegen. Also: Augen auf. Folgt dem breiteren Waldweg, der euch nach 500 m auf den Weg parallel zur

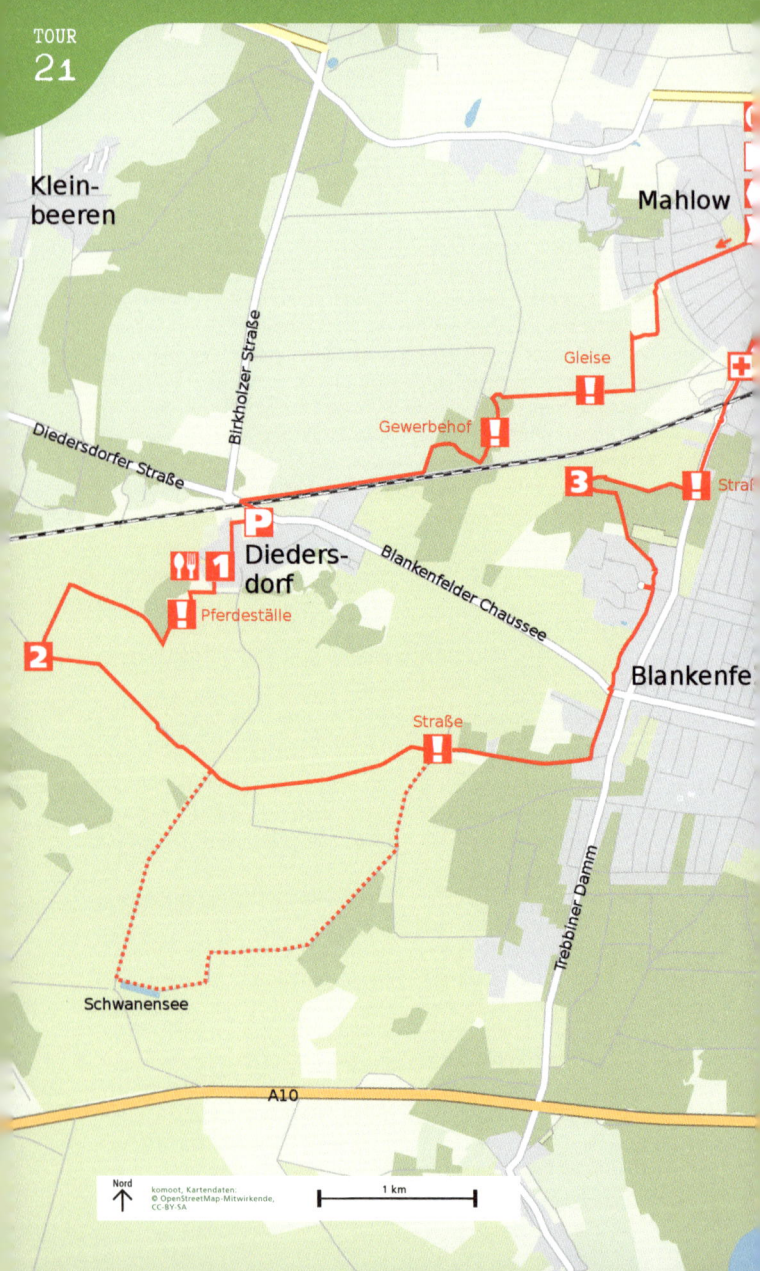

Gewitter kündigen sich an

Bahntrasse führt, die nun unmittelbar neben dem Weg verläuft, aber nach 1 km auf die Chausseestraße stößt. Dort links über die Brücke und gleich rechts über die Straße, vorbei am großen Parkplatz in die Dorf- dann Gartenstraße zum 🟥 Schloss Diedersdorf.
Schloss Diedersdorf ist zu einem gastronomischen Betrieb mit Biergarten,

TOUR 21

Belohnung nach dem Gewitter in der Hofbäckerei in Diedersdorf

Bäckerei und Restaurant ausgebaut worden. Wer will, kann dort auch übernachten. Das Schloss ist eigentlich mehr ein Gutshof. Seit dem 18. Jahrhundert wurde hier Landwirtschaft betrieben. Die Gebäude stammen ebenfalls größtenteils aus dieser Zeit. Also: Wer Lust hat, mache hier erst mal Pause. Wir können den Streuselkuchen in der Hofbäckerei empfehlen.

Dann geht's weiter: Hinter dem Biergarten warten weite Felder auf euch. Rechts ab, vorbei am Schlossteich (rechte Hand), dann an den ❗ Pferdeställen nach links am Waldstück entlang. Der Weg führt im weiten rechten Bogen bis zum Grenzgraben (siehe auch die grüne Wegmarkierung, Wanderweg „Rund um Schloss Diedersdorf").

Die Felder ringsum werden landwirtschaftlich genutzt. Wir laufen parallel zum Grenzgraben und nehmen dann die 2 erste Abbiegung nach links in den von Bäumen begrenzten Weg mit Betonplatten. Nach 1,5 km kommt eine Kreuzung. Hier könnt ihr euch entscheiden, ob ihr die Tour noch ausweitet und die Iron-Dog-Option nutzt: Dann geht Richtung Schwanensee (+ 5 km). Wir laufen geradeaus (und diese Variante hat ja auch schon knapp 18 km). Nach weiteren 1,5 km geht der Weg über in die Triftstraße (❗ Autos). Dann links in die Wildrosenstraße, die in den Helene-von-Hüssel-Weg übergeht. Überquert die Potsdamer Straße, danach wird's wieder ruhiger: Der Weg führt entlang von Feldern in ein Wohngebiet. Der Weg mäandert die ganze Zeit durch eine Grünanlage mit angelegten Wegen. Im linken Bogen geht's in ein Waldstück, in dem ihr plötzlich auf Gedenkstelen trefft: Dieses Waldstück ist der 3 Gedenkort „Ausländerkrankenhaus Mahlow". Die Stelen erzählen die Geschichte des Ortes genau, deshalb nur kurz: Das „Krankenhaus der Reichshauptstadt in Mahlow", kurz „Ausländerkrankenhaus Mahlow" genannt, war das größte Krankenhaus für Zwangsarbeiter/innen der Stadt Berlin. Es wurde 1942 für Arbeitskräfte eingerichtet, die aus den von Deutschland besetzten Teilen der Sowjetunion verschleppt wurden. Im NS-Jargon wurden diese Menschen als „Ostarbeiter" bezeichnet. Viele Menschen starben hier. Wer möchte, kann dem ausgezeichneten Weg durch das Waldstück mit seinen Gedenkstelen folgen (insgesamt 9 Stationen). Mehr Infos gibt's hier: www.gedenkort-mahlow.de.

Info	
H	S 2 bis Bhf. Mahlow
P	Am Bahnhof Mahlow oder am Schloss Diedersdorf (verkürzte Tour)
🗺	Kompass Wanderkarte Berlin und Umgebung (WK 700) 1:50.000
🍽	Schloss Diedersdorf Kirchplatz 5-6 15831 Diedersdorf Tel.: 03379-35350 www.schlossdiedersdorf.de
✚	Tierarztpraxis Kupsch Berliner Damm 132 15831 Mahlow Tel.: 03379-372948 Mobil: 0171-3840836 www.tierarztpraxis-mahlow.de

Wir laufen Richtung ✚ Berliner Damm (Autos). Dort links – und leider geht's dann wieder entlang der Straße für 2 km bis ihr wieder am Bhf. Mahlow ankommt.

Werbung

piccobello
Waschbare Hundewindeln,
Auflagen, Hundebademantel und mehr.

Webshop & Beratung unter
www.piccobello-hundewindel.de

Eine rundum saubere Sache für Hund und Haus!

TOUR 22

**sehr urwüchsig entlang der Nuthe –
Badestelle mit karibischem Sandstrand**

Trebbiner Schabernack und die Nuthe

Hundefreundlichkeit: Am Anfang und am Ende lauft ihr durch Trebbin, entlang befahrener Straßen. Kurz hinter Trebbin seit ihr frei, einmal kreuzt ihr noch eine befahrene Straße. Es warten ein Badesee (hinter dem allerdings eine Bahnstrecke entlangführt), wunderschöne Feldwege zwischen Sonnenblumenfeldern (jahreszeitenabhängig natürlich) und eine absolut urwüchsige Etappe entlang der Nuthe – die Hunde werden es lieben, ihr müsst schon etwas outdoorerprobt sein. Gerade im Sommer wuchert der Weg an der Nuthe zu.

Tour-Info	↔ 14 km	⏱ 4 Std.	++✛ mittel
Start-Ziel:	Trebbin Marktplatz/Rathaus (Rundwanderung)		
Wegecharakteristik:	Wanderwege, asphaltierte Strecken, sehr zugewachsene Abschnitte (im Sommer)		

Trebbin rühmt sich „Clauertstadt" zu sein. Wer es nicht weiß: Das ist der Till Eulenspiegel Brandenburgs, ein schaberneckiger Geselle, der hier sein Unwesen im späten Mittelalter trieb und so lustig und redegewandt gewesen sein soll, dass er sogar als Unterhaltungsact zu den kurfürstlichen Hoffesten in Berlin geladen wurde, um seine Streiche den offenbar gelangweilten Aristokraten zu spielen. Hans Clauert lebte von 1506-1566. Am Marktplatz ist ihm eine Brunnenfigur gewidmet. Die Pest raffte ihn dahin.

Wir leben und wandern: Vom Marktplatz geht's los die „Berliner Straße" (Hauptstraße) entlang, dann rechts ab in die „Goethestraße" und schließlich erneut rechts in den „Nöhringswinkel". An dessen Ende (Sackgasse) geht die Straße in einen Wanderweg/Radweg über. Selbst im Sommer ist hier nicht so wahnsinnig die Lucy los, deshalb können wir uns ab hier jetzt einigermaßen entspannen – wenn da nicht die lästige ❗ Bahntrasse bald käme... Wir gehen die zweite Möglichkeit nach links. Der Weg führt nach weiteren 300 m parallel und sehr nah an den

Wanderweg zum Kliestower See

Bahngleisen entlang. Nach 500 m führt der Weg nach links von den Gleisen weg. Nach 1,1 km kommen wir nach Kliestow und stoßen auf die ❗ „Chausseestraße".
Wir laufen nach links, einmal ganz durch den Ort. In der Dorfmitte wartet ein 1️⃣ Gasthof auf euch – aber eigentlich ist es für eine Pause noch zu früh, oder?

Am Ortsausgang führt ein Wanderweg (siehe auch Hinweisschilder „Wanderweg zum See") zum Kliestower See. Dieser Abschnitt ist rd. 2 km lang. Wenn ihr zum See kommt, geht bei gutem Wetter links zur ausgewiesenen Badestelle. Hundetechnisch ist dieser Abschnitt etwas heikel: Ihr müsst vorbei an Anglervereinsheimen,

linke Hand streift die Bahntrasse wieder den Weg. Die **2** Badestelle ist allerdings durch einen hohen Zaun zur Bahntrasse hin geschützt. Aber: Aufpassen! Nachmittags und am Wochenende wird man hier im Sommer nicht alleine sein. Hunde sind offiziell im Wasser auch nicht erlaubt.

Wir gehen ein Stück zurück, damit wir nicht weiter an den Bahngleisen laufen müssen. An der Weggabelung dann den Weg zum westlichen Ufer des Sees nehmen („Kliestower Dorfstraße"). Die Dorfstraße ist ein Wanderweg, geht dann aber in eine wenig befahrene Straße über (hier links), die an einer **3** Siedlung (Ebelshof, ein Stadtteil von Trebbin mit rd. 10 Häusern) vorbeiführt. Hier werden ab und an **H** Anwohner mit dem Auto vorfahren.

Am Ende der Siedlung, wenn der Wald anfängt, nach rechts. Nun laufen wir die ganze Zeit parallel zum sumpfigen Polentgraben, der nach ca. 1,2 km zur **4** Nuthe führt. Hier verliert sich ein wenig der vorgezeichnete Weg. Ab hier ist die Tour etwas für Vierbeiner und Gefolge, die Lust auf ein wenig Wildnis haben. Gerade im Sommer ist der Uferweg entlang der Nuthe, den wir nach rechts zurück Richtung Trebbin wandern, zugewuchert. Das eine oder andere Spinnentierchen kann sich da schon mal im stürmischen Haar verfangen und Hallo sagen. Wen das stresst, am Anfang von Ebelshof in die „Kliestower Dorfstraße", die im Bogen zurück nach Kliestow führt. Von dort müsstet ihr allerdings den exakten Weg zurück nach Trebbin laufen.

Abenteuerlustige vor: Wir schlagen uns am Uferweg durch. Hier seid ihr wirklich richtig tief in der Natur. Und verlaufen könnt ihr euch auch nicht: Einfach 5,5 km am Ufer entlang **H** bis ihr nach Trebbin wieder kommt.

Info

🚉	R3 Richtung Lutherstadt Wittenberg bis Luckenwalde, dann Bus 757 bis Trebbin Markt
🅿	am Bhf. Rathaus/Marktplatz oder vor der Bäckerei am Denkmalplatz/Goethestraße
🗺	Kompass Wanderkarte Berlin und Umgebung (WK 700) 1:50.000
🍴	Gasthof Zum Kommandanten Puschkinstr. 6 14959 Trebbin www.zum-kommandanten.de
✚	Tierärztin Antje Sonntag Weinberge 4a 14959 Trebbin Tel.: 033731-80365 Mobil: 0170-9605407 www.tierarztpraxis-sonntag-trebbin.de

WESTEN

TOUR 23

schöner Badesee – Wiesen und Feldabschnitte –
einer der besten Gastrotipps

Seddiner See-Tour mit Abstecher nach Wildenbruch

Hundefreundlichkeit: Obwohl am Seddiner See gerade im Sommer der Bär tanzt, führt unsere Tour an das ruhigere nördliche Ufer des Sees. Hier gibt es zwar ab und an auch Kollisionspotential (Badestelle mit großem Beachvolleyballfeld), aber die teils engen Pfade am nördlichen Ufer lassen euch diesen Teil des Sees fast allein erkunden. Kurz vor Wildenbruch stoßt ihr auf Pferdekoppeln, eine zweite sehr belebte Badestelle folgt. Der letzte Abschnitt führt durch den Ort Wildenbruch (Autos) und über einen öffentlichen Wanderweg mitten durch einen Golfclub – Hunde mit Apportiergelüsten können bei fliegenden Bällen schon mal die Contenance verlieren, zum Ärger der golfenden Herrschaften, aber da steht man ja drüber.

Tour-Info	↔ 15,5 km	⏲ 4 Std.	++✚ mittel
Start-Ziel:	Seddin Bhf. / Parkplatz Heimvolksschule am Seddiner See (Rundwanderung)		
Wegecharakteristik:	Wanderwege, enge Pfade, Bürgersteig / Straßenabschnitte, Radwege		

Vom Bahnhof laufen wir zur nord-westlichen Spitze des Seddiner Sees. Die **1** Heimvolksschule dort ist unser Ausgangspunkt. Wir laufen den ausgeschilderten Uferweg, der nach rd. 200 m direkt ans Wasser führt. Der Uferweg stößt nach ca. 300 m auf eine **!** sehr belebte Badestelle mit Beachvolleyballfeld. Wir queren die Badestelle, im Sommer wird man da schnell mit Hund vesrchwinden wollen. Ab Herbst werdet ihr weitgehend alleine sein. Danach geht's wieder in den Wald. Die Wege werden nun immer pfadiger, was den Vorteil bietet, sicher keinem Radfahrer zu begegnen. Links des Weges kommen noch ein Campingplatz, später Datschen, Einfamilienhäuser, die aber durch Zäune vom Weg getrennt sind.

Nach der Siedlung geht der Weg etwas vom Wasser weg und wird noch etwas schmaler. Wir laufen entlang von Wiesen. Wir haben jetzt sehr schöne Blicke in die Landschaft als auch zwischendurch immer wieder

Abkühlung im See

auf den See. Geht weiter für ca. 1,5 km – bis der Weg an der **2** Gabelung links hoch führt und dann nach rechts weiterführt. Geht über den Schafgraben hinweg.

Die Landschaft öffnet sich, am Weg folgen, je näher ihr nach Wildenbruch kommt, **!** Pferdekoppeln. Nach rd. 700 m wieder links in den Wiesenweg, der ins Dorf auf die „Kunersdorfer Straße" führt. Nehmt gleich die erste Möglichkeit wieder nach rechts und lauft in die „Dorfstraße", die in einen Wanderweg übergeht und geradewegs zur nächsten **3** Badestelle führt. Wie immer: Im Sommer ist hier viel los, sonst nicht.

An der Badestelle links weiter, an der Gabelung wieder links hoch. Wer rechts geht: Dann würdet ihr den Rundweg um den Seddiner See gehen – auch schön, aber das Südufer ist wesentlich belebter und

TOUR 23

Abschnitt kurz vor Wildenbruch

bebaut. Also kommt mit uns: Links abgebogen stoßt ihr auf die „Alte Poststraße". Nach 800 m kreuzt ihr ⚠ die „Luckenwalder Straße". Wir laufen wieder in den Wald hinein. An der Kreuzung links zurück nach Wildenbruch oder als Iron Dog Option: An der Kreuzung rechts bis zum Backofenberg und den Pferdesteig zurück nach Wildenbruch (+10 km).

In Wildenbruch, egal welche Option ihr wählt, solltet ihr in den Gasthof zur Linde. Zumindest bei gutem Wetter ist der Innenhof toll. Drinnen ist es etwas feiner, für Matschhunde ein ungünstiges Umfeld. Hier gibt es gehobene Landküche. Kaffee und Kuchen sind auch gut.

Nach dem Gasthof gehen wir rechts, die „Kundersdorfer Straße" dorfauswärts. Wo sich die „Kunersdorfer Straße" in einen unbenannten Feldweg und den rechts abgehenden „Fercher Weg" gabeln. Wir gehen links in den Feldweg und sind von den Straßen wieder weg. Für rd. 1,5 km bleiben wir auf diesem Weg, der durch eine 🟥 Golfplatzanlage führt. Wenn man das als Parkanlage betrachtet, ist es rechts und links ganz hübsch. Je nach Wetter ist da mal mehr oder weniger los – es können ⚠ Bälle fliegen. Der

Info

🚉	S7 bis Potsdam Hbf., dann Bus 643 bis Seddin Bhf.
🅿	An der Heimvolksschule, Seeweg
🗺	Kompass Wanderkarte Berlin und Umgebung (WK 700) 1:50.000
🍴	Gasthof Zur Linde - Familie Weißmann Kunersdorfer Str. 1 14552 Wildenbruch Tel.: 033205-23020 www.linde-wildenbruch.de
✚	Tierarztpraxis T. Nollert Leipziger Straße 1 14554 Seddiner See OT Seddin Tel.: 033205-269009 www.tierarzt-nollert.de

Weg ist aber öffentlich und kann von jedem benutzt werden.

Am Ende der Anlage laufen wir links Richtung See bis zum Ende des „Nussbaumwegs", vorbei an Realität gewordenen Neureichenträumen. Sorry, nichts gegen die Menschen, die hier wohnen, wir gönnen jedem ein gutes Leben – aber das ist hier schon echt protzig und hässlich. Jeder wie er/sie will. Zurück zum Seddiner See. Wir stoßen auf den Pfad, den wir schon auf dem Hinweg gelaufen sind. Für 1,5 km laufen wir die bekannte Route zurück Richtung Heimvolkshochschule.

*ein großer See und zwei schöne Waldseen –
viel Schatten*

Auf zu den Lienewitzseen bei Caputh

Hundefreundlichkeit: Wenn nicht gerade Hochsommer ist und keine Ferien anstehen, hat man die Lienewitzseen fast für sich allein. Beide Seen haben schöne Badestellen für Zwei- und Vierbeiner. Der erste Teil der Wanderung führt leider entlang einer Straße, den Rest der Wanderung wandelt man jedoch auf einsam, schattigen Pfaden. Nur die Bahnstrecke am Ende der Tour stört ein bisschen, allerdings verläuft der Wanderweg auf einer Anhöhe, sodass der Zugverkehr einige Meter unterhalb verläuft. Hier dennoch Obacht mit den Hunden!

Tour-Info	↔ 10 km	⏱ 2,5 Std.	✚✚✚ leicht
Start-Ziel:	Bahnhof Caputh-Schwielowsee (Rundwanderung)		
Wegecharakteristik:	kurze asphaltierte Abschnitte, Wanderwege		

Los geht's am Bahnhof Caputh-Schwielowsee. Wir gehen zur Schwielowseestraße, halten uns links und überqueren die Gleise. Wer es nicht abwarten kann und gleich ans Wasser möchte, biegt nach dem Bahnübergang rechts ab, folgt den Gleisen und kommt nach wenigen Metern zur Uferpromenade und kann den Blick über den weiten Schwielowsee genießen. Für die eigentliche Wanderung müssen wir aber der Schwielowseestraße für 700 m folgen. Sobald wir Caputh verlassen haben, biegen wir in einen kleinen **1** Waldpfad nach rechts ab. Für knapp 1 km folgen wir dem Pfad – rechter Hand der Schwielowsee, linker Hand die Schwielowseestraße – und kreuzen dann erneut die **H** Landstraße und setzen die Wanderung geradeaus fort. Die wenig befahrene Straße „Flottstelle" ist zwar alles andere als ein angenehmer Wanderpfad, die Hunde können ihr Pfoten allerdings schonen, wenn sie am Wegesrand laufen. Nach knapp 1 ½ km erreichen wir die Bahnunterführung. Nun sind es noch mal 500 m bis wir rechts abbiegen können und den **2** Kleinen Lienewitzsee entgegen des Uhrzeigersinns umrunden. Hier können Bello

TOUR 24

Caputh

Schwielowsee

Schwielowsee

Caputher See

Straße

Bahngleise

Straße

Flottstelle

Rohrweg

Großer Lienewitzsee

Nord

komoot, Kartendaten:
© OpenStreetMap-Mitwirkende,
CC-BY-SA

1 km

und Co. endlich ins Wasser und fleißig Stöckchen aus dem See ans Ufer holen. Nach der Erfrischung laufen wir weiter und biegen am östlichen Ufer auf die kleine Straße „Am Lienewitzsee" nach rechts ab. Nach nur wenigen Metern geht es wieder nach links. Wir folgen dem Pfad und sehen schon bald den ❸ Großen Lienewitzsee durch die Bäume schimmern. Auch hier finden wir bald schöne Badestellen und genug Platz zum Toben – für Hund und Mensch. An der östlichen Spitze des Sees muss man sich entscheiden. Als Iron-Dog-Challenge können wir dem Wegweiser Richtung Teufelssee folgen (7 km) und unsere Tour mit Tour 25 kombinieren. Wem das zu weit ist, folgt dem Schild Richtung Caputh nach Norden. An der Weggabelung nach 200 m halten wir uns links. Anschließend wandern wir für etwas mehr als einen km weiter Richtung Norden bis wir auf den „Rohrweg" treffen. Hier links abbiegen bis erneut die Schienen erreicht werden. Wir laufen nicht durch die Unterführung, sondern halten uns rechts und wandern weiter parallel der Gleise. Nach knapp 1 km hat uns die Zivilisation wieder – wir sind zurück in Caputh. An der „Geschwister-Scholl-Straße" nach links (rechts geht es optional noch zu einer schönen Aussicht die Treppen hoch) und nach 200 m kommen wir wieder am Bahnhof an.

Info

🚉	Bis Potsdam Hbf (S 7), dann umsteigen in die RB 23 bis Bahnhof Caputh-Schwielowsee
🅿	Am Bahnhof Caputh-Schwielowsee
🗺	Kompass Wanderkarte Berlin und Umgebung (WK 700) 1:50.000
🍴	Märkisches Gildehaus Schwielowseestr. 58 14548 Schwielowsee OT Caputh Tel.: 033209-779-0 www.maerkisches-gilde-haus.de
➕	Tierarztpraxis am Caputher See Spitzbubenweg 26a 14548 Schwielowsee OT Caputh Tel.: 033209-226422 tieraerztinnen-mit-herz.de

Der Kleine Lienewitzsee.

TOUR 25

**verwunschener Teufelssee –
großer Ravensberg – Falkenstation**

Rendezvous mit dem Teufel

Hundefreundlichkeit: Eine sehr hundefreundliche Tour, da es viel Schatten und viel Wald gibt. Nur die ersten 2 km sind etwas mühselig durch die Stadt. Wer kann, fährt besser mit dem Auto und startet die Tour direkt am Friedhof. Am Teufelssee können die Hunde ordentlich plantschen. Insgesamt alles sehr entspannt.

Tour-Info	↔ 12,5 km	⏱ 3 Std.	++✛ mittel
Start-Ziel:	Potsdam Hauptbahnhof (Rundwanderung)		
Wegecharakteristik:	kurze asphaltierte Abschnitte, Wanderwege		

Wir starten unsere Wanderung bequem am Potsdamer Hauptbahnhof, den wir zügig verlassen, weil uns die Menschenmengen schnell die Stimmung vermiesen. Wir überqueren die Friedrich-Engels-Straße und biegen in die Heinrich-Mann-Allee, der wir knapp 500 m bis zum **1** Friedhof folgen. Zwischen Friedhof und Neuapostolische Kirche biegen wir nach Süden ab. Es folgt der erste Anstieg. Wir passieren rechter Hand den Kletterwald des AbenteuerParks Potsdam. Am Wissenschaftspark Albert Einstein (wer will, kann hier einen Abstecher zum Einsteinturm machen) halten wir uns links und biegen auf den „Telefrafenberg" ein. Von nun an laufen wir für knapp 4 km immer geradeaus durch den Potsdamer Forst Richtung Süden. Dabei stoßen wir zunächst nach etwa 1 km auf den leicht nach rechts abgehenden Waldweg „Saugartengestell". Diesem folgen wir für 500 m und biegen dann in den wiederum leicht nach links abgehenden „Langerwischer Weg" ein. Hier dauert es nicht lange und wir erreichen einen **2** sechseckigen Unterstand. Wir laufen weiter geradeaus und biegen an der nächsten Kreuzung („Lindengestell") rechts ab. Wir erreichen sogleich das **!** NSG Moosfenn. Hier an der Weggabelung

rechts ab, sodass wir das Moosfenn rechtsseitig umlaufen. Dabei überwinden wir ein paar Höhenmeter und biegen an der nächsten Gabelung scharf links ab. Es geht weiter bergauf. Nachdem wir den Pfad „Ravensberggestell" gekreuzt haben, geht es bergab und der **3** Teufelssee ist nicht mehr weit entfernt, der Wegweiser weist euch den Weg. Wir steigen hinab zum See. Einer Sage zufolge erscheint einem hier der Teufel höchstpersönlich, wenn man um Mitternacht seinen Namen drei Mal ruft. Das haben wir uns nicht getraut, dafür hat Otto ausgiebig im See gebadet. Nach der Pause geht es an der Nordseite des Sees wieder hinauf. Nun steht der **4** Große Ravensberg auf dem Programm – und mit ihm eine deftigen Steigung. Oben angekommen erreicht man das „Waldhaus Großer Ravensberg", eine Umweltbildungseinrichtung, in der Groß und Klein mehr über den Wald lernen können. Otto interessierte das weniger, sodass wir uns Richtung Heimweg gemacht haben. Wir haben uns entschlossen via den **5** Falkenhof zu wandern (ihr könnt auch über den Kleinen Ravensberg wandern). Dazu folgen wir der blauen Markierung, die uns Richtung Nordosten bergab führt. Unten angekommen halten wir uns links, überqueren den „Caputher Heuweg" und auch den nächsten Pfad und biegen am „Ravensberggestell" rechts ab. Nach 500 m erreichen wir den Falkenhof. Wer mehr über Falken und andere Greifvögel lernen möchte, ist hier an der richtigen Adresse. Nach der Weiterbildung geht's für uns weiter entlang des Pfades „Ravensberggestell". An der dritten Kreuzung halten wir uns links und folgen dem Weg („Kahleberggestell") für etwa 1 km Richtung Nordwesten. Wenn wir die Picknickbank erreichen, sind es noch mal 100 m und wir befinden uns wieder auf dem Weg, den wir gekommen sind (blaue Markierung). Wir folgen dem Weg nach rechts und nach 2 km sind wir wieder am Potsdamer Hauptbahnhof angekommen.

Info	
🚉	S 7 bis Potsdam Hbf.
🅿	In der Heinrich-Mann-Allee
🗺	Kompass Wanderkarte Berlin und Umgebung (WK 700) 1:50.000
🍴	Am Hauptbahnhof gibt es zahlreiche Imbissbuden und Cafés
✚	Dr. med. vet. Jo-Ann Lawrence Heinrich-Mann-Allee 103 c 14473 Potsdam Tel.: 0331-8700118 http://cowah.de

NSG Sacrower See und Königswald –
ein altes Schloss – viel Wasser

Sacrow und der lange Marsch

Hundefreundlichkeit: Freier Lauf, viel Wasser – was will Hund mehr? Im Schlosspark Sacrow ist Leinenpflicht, an drei Stellen kreuzt ihr Straßen, insgesamt sehr stressfrei.

Tour-Info	↔ 11 km	⏱ 3 Std.	✚✚✚ leicht
Start-Ziel:	Schloss Sacrow (Rundwanderung)		
Wegecharakteristik:	Wanderwege		

Mit den Öffentlichen zum Schloss Sacrow zu kommen, ist zwar einigermaßen kompliziert (und die Anfahrt bietet sich besser mit dem Auto an), aber es klappt und es lohnt sich! Ausgangspunkt ist der **1** Schlosspark Sacrow und das etwas renovierungsbedürftige Schloss, das eher ein Landsitz ist und wie alles auf der Welt eine bewegte Geschichte hat. Historisch interessierte Vierbeiner werden mit Aufmerksamkeit hören, dass das 1773 erbaute Schloss zu DDR-Zeiten ab 1973 eine Zollbehörde beherbergte. Im Park entstanden Trainingsanlagen für die Spürhunde des Zolls.

Wir spüren heute anderen Dingen nach, werfen einen verträumten Blick auf die Havel und machen uns dann nach Westen Richtung Riesterhorn auf. Also wenn ihr an der hinteren Seite vom Schloss steht und auf die Havel schaut, geht ihr nach rechts Richtung Ufer, am Parkweg unten am Ufer wieder rechts, bis ihr aus dem Schlosspark herauslauft. Am Übergang Schlosspark/Wald einfach geradeaus den Weg weiterlaufen, der am Ufer weiterführt (er verläuft nicht immer direkt am Ufer, mal seid ihr direkt am Wasser, mal weiter entfernt). Es gibt immer wieder direkte Zugänge zum Wasser, teils mit Bänken, teils buchtenartig, so dass es sehr zum Baden einlädt. Euer Orientierungspunkt für die kommenden km bleibt das Ufer.

Nach rund 800 m kommt ihr ans **2** Riesterhorn. Lauft den Weg weiter, der jetzt leicht rechts verläuft – aber eben immer noch am Wasser entlang.

Schloss Sacrow

TOUR 26

Wasserstier im Sacrower See

Es kommt eine sehr schöne Badestelle unterhalb des **3** Schwarzen Bergs. Jetzt geht es 2,5 km immer nur am untersten Weg am Wasser entlang, bis ihr die ⚠ Straße nach Sacrow überquert. Lauft etwa 50 m rechts die Straße hoch und schlagt euch in den ersten links abgehenden Waldweg, der euch in den Königswald führt.

Dieser Weg geht wie mit dem Lineal gezogen durch den Wald. 2 km lang – nur geradeaus. Es ist der Teilabschnitt der Tour, den wir den „langen Marsch" nennen. Aber es ist auf dem langen Marsch gar nicht so langweilig. Es gibt Höhen und Tiefen, der Weg wird kleiner und enger. Nach etwa 1 km wird die Umgebung etwas moorig, da kann es je nach Wetterlage auch mal etwas expeditionsartig werden. Aber das hört nach rd. 500 m auch auf und der Waldweg wird breiter. Wir laufen dann bis zum Krampnitzer Weg. Dort rechts ⚠ über die Straße bis zum Ufer des Sacrower Sees.

Folgt den Schildern zum **4** Institut für Binnenfischerei. Auf dem Weg können Autos fahren. Das eingezäunte Institut erreicht ihr nach rd. 300 m. Der Weg führt außen hinter dem Institutsgebäude entlang wieder zum Ufer. Den Uferweg, der teils wirklich sehr romantisch anmutet, lauft ihr jetzt für knapp 3 km bis ihr wieder auf die Krampnitzer Straße und den Schlosspark Sacrow stoßt. Voilà, eine hoffentlich großartige Tour liegt hinter euch. Im Nebengebäude des Schlosses gibt es übrigens ein Café, dort ist es sehr schön, um die Tour ausklingen zu lassen. Die Heilandskriche am Port von Sacrow, am östlichen Zipfel des Schlossaprks ist auch noch eine kurze Visite wert.

Info

🚍	Bis Potsdam Hbf, dann Tram 96 Richtung Potsdam, Viereckremise, Am Schragen umsteigen in Bus 697 Richtung Neukladower Allee (Berlin). Ausstieg Schloss Sacrow
🅿	Am Schlosspark Sacrow/ Krampnitzer Straße
🗺	Kompass Wanderkarte Berlin und Umgebung (WK 700) 1:50.000
🍴	Restaurant zum Sacrower See Weinmeisterweg 1 14469 Sacrow Tel.: 0331-503855 www.rittersaal-sacrow.de
➕	Tierärztin Sandra Melzer Am Hang 2-4 14469 Potsdam Tel.: 0331-96796931 www.tierarztpraxis-ampfingstberg.de

Deetzer Löcher –
nah an der Havel – Götzer Berg

Brandenburgs Amazonas

Hundefreundlichkeit: Diese Tour verläuft relativ lange an Straßen und Radwegen – es geht leider nicht anders. Deshalb auf keinen Fall im Sommer machen, erst ab Herbst bis frühes Frühjahr. Oder wenn ihr bei gutem Wetter im Sommer nach Deetz aufbrecht, macht euch auf Wanderer und Radfahrer gefasst. Wenn euch und eure Vierbeiner das sowieso nicht stört, um so besser. Die Tour ist eine Wassertour mit Zugang zur Havel und den Deetzer Löchern, geflutete Gruben, aus denen früher Tonerde gewonnen wurde.

Tour-Info	↔ 11 km	⏱ 2,5 Std.	✚✛✛✛ leicht
Start-Ziel:	Kirche in Deetz (Rundwanderung)		
Wegecharakteristik:	Straßen, Radwege, Wanderwege		

Von der Kirche in Deetz aus geht's einmal durchs Dorf, die Straße „Zur Ziegelei" entlang. Hier stoßt ihr auf den Radweg, der sehr befahren ist bei gutem Wetter. Vielleicht ein guter Anlass, um „bei Fuß" wieder mal einzuüben? Nach rd. 1,5 km links ab in den Weg, der auch zum **1** „Havelstübchen" führt, eine kleine, im Sommer betriebene Einkehrmöglichkeit. Für uns ist es natürlich noch zu früh für eine Pause, deshalb: keine Müdigkeit vortäuschen, es geht weiter. An der Weggabelung dann nach rechts. Links seht ihr schon die **2** Deetzer Löcher, die heute vom Havelwasser geflutet werden, früher jedoch zur Gewinnung von Tonerde genutzt wurden. Eine nahe gelegene Ziegelei verarbeitete die Tonerde. Was heute so idyllisch aussieht, war vor wenigen Jahrzehnten noch (bis in die 80er-Jahre) ein großer industrieller Betrieb. Biegt kurze Zeit später rechts ab in den kleinen Pfad, der auch ausgewiesen wird mit dem Schild „Zum Havelblick". Dieser Weg ist zwar eine Sackgasse und ihr werdet hier einmal hin und zurück laufen. Aber: Es lohnt sich! Der **3** Havelblick ist echt toll. Ein Bänkchen wartet da auf euch und ihr könnt die Blicke weit über die

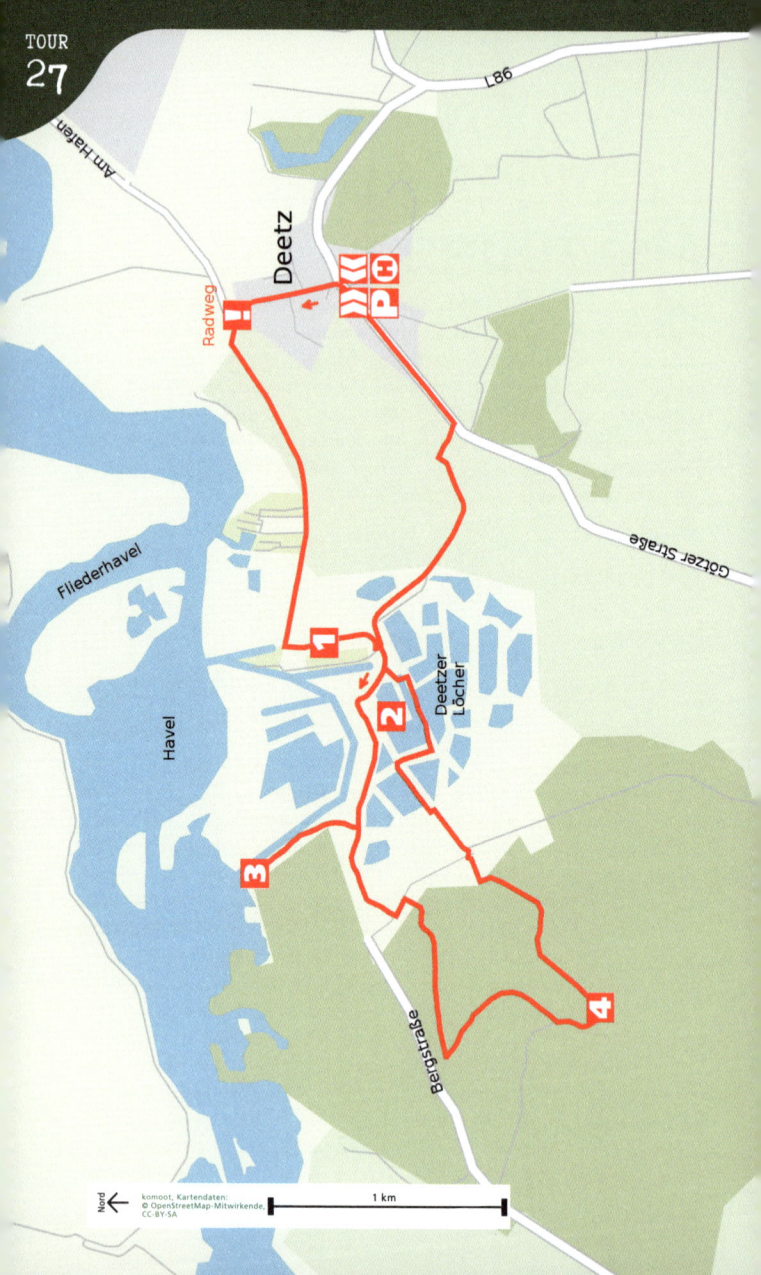

Havel und das gegenüberliegende Ufer schweifen lassen.

Genug der romantischen Verklärung: Jungs und Mädels, es geht weiter! Zurück zum Havelradweg. Der Weg führt zur „Bergstraße", an der einige Häuser liegen. Wenn ihr die Bergstraße erreicht, links und dann sofort rechts (vor dem Parkplatz) in das Waldgebiet rein. Es geht nun hoch zum 4 Götzer Berg, eine fast 100 m hohe eiszeitliche Erhebung. Auf der Spitze dieses Gipfels steht ein 40 m hoher Aussichtsturm, der 2012 eingeweiht wurde. Es lohnt sich da raufzustiefeln und die Welt von etwas weiter oben zu betrachten.

Vom Aussichtsturm führen verschiedene Wege zurück zur Bergstraße. Dort angekommen nehmt den ausgeschilderten Weg zurück zu den Deetzer Löchern, ein zunächst noch asphaltierter Weg. Folgt allerdings nicht dem breiteren Weg kurz vor den Löchern nach links (dann würdet ihr zurück auf den Radweg kommen), sondern geradeaus in die Löcher, bzw. dazwischen. Zwischen den Deetzer Löchern, die heute von Anglern genutzt werden, führen schmale Wege. Hier kann man fast lustwandeln, links und rechts umgeben von

Info

🚉	RE 1 bis Groß Kreutz, dann in Bus 635 Richtung Schmergow, Ausstieg Deetz Dorf
🅿	An der Kirche in Deetz
🗺	Kompass Wanderkarte Berlin und Umgebung (WK 700) 1:50.000
🍴	Wellenstein Karl-Liebknecht-Str. 8 14669 Ketzin Tel.: 033233-302958 www.wellenstein-ketzin.de
➕	Tierärztliche Praxis Hans-Ulrich Seidel Fischerstraße 4 14778 Päwesin Mobil: 0172-3929457 www.tierarztpraxisseidel.de

Wasser, die Wasseroberflächen glitzern von überall her, Vögel zwitschern, Angler meditieren vor sich hin. Schön ist's.

Ihr könnt erst einmal geradeaus laufen, orientiert euch aber eher nach rechts. Spätestens, wenn es nicht mehr geradeaus geht, müsst ihr rechts abbiegen. So gelangt ihr auf den Feldweg, der euch zur Götzer Straße führt. Wenn ihr die erreicht, einmal bitte scharf links nach Deetz rein, schon bald seid ihr dann am Ausgangspunkt.

TOUR 28

wenig Wald – freier Himmel –
viel Wasser – ideale Sommertour

An die Havel

Hundefreundlichkeit: **Im Sommer eine der besten Touren: Die Sonne knallt, ihr geht die Hälfte der Tour immer an der Havel entlang. Hunde, die Temperaturen aushalten und gerne schwimmen, haben hier ihren Spaß. Zur Hälfte der Tour müsst ihr einmal durch ein Dorf, kurze Strecken gehen an Straßen entlang, und ja: Weidevieh gibt's auch.**

Tour-Info	↔ 14 km	🕒 3 Std.	✚✚✚✚ mittel
Start-Ziel:	Am Deich (Rundwanderung)		
Wegecharakteristik:	Deichwege, Wanderwege, asphaltierte Teilstücke		

Die Tour könnt ihr auch mit den Öffentlichen machen: Dann müsst ihr ab Potsdam mit dem Bus nach Ketzin. Vom Busbahnhof lauft ihr dann die Brandenburger Chaussee bis zur Straße „Am Deich". Wer mit dem Auto kommt, parkt genau dort. Ab da geht's bis zum Ende der Straße, den kleinen Pfad am Kanal entlang bis ihr auf die **1** Havel stoßt. Genau an dieser Stelle ist eine ganz schöne Badeecke. Ansonsten gilt ab hier: Das Havelufer ist euer Orientierungspunkt. Für rund 3,5 km werdet ihr am Ufer auf dem Deichweg laufen und die Blicke auf die Havel genießen. Es gibt kaum Baumbewuchs, deshalb seit ihr direkt unter freiem Himmel. Im Sommer knallt die Sonne auf euch herunter. Hunde sollten da (ihr natürlich auch) keine Kreislaufprobleme haben, denn Schatten ist hier definitiv Mangelware. Diese Strecke hat etwas sehr Maritimes. Man fühlt sich fast wie an der Ostsee, so wasserreich ist es hier. Ihr könnt ehrlich gesagt auch sehr gut den ganzen Tag im Sommer am Wasser verbingen und einfach picknicken – ist auch sehr nett. Wer ein paar Kilometer noch runterreißen will, läuft bis zum Gutenpaarener Havelweg. Dort rechts rein bis **2** Gutenpaaren. Der Weg windet sich bis dorthin ein wenig, wird asphaltiert, kurz vor Gutenpaaren würden wir die Hunde anleinen, denn es kommt **!** Autoverkehr. Die Gutenpaarener Dorfstraße überqueren wir und laufen gleich die Bergstraße hoch. Die Bergstraße geht in einen mit Betonplatten ausgelegten Feldweg über, den wir für ca. 3 km weiterlaufen. Rechts

Otto am Deich

seht ihr bereits den kleinen Windelberg, den wir rechts liegen lassen. Nach den rund 2,5 km rechts abbiegen und Kurs auf den 3 Kahlen Berg nehmen, der für brandenburgische Verhältnisse steil aus der Landschaft emporragt. Bereitet euch gedanklich auf den Aufstieg und viel Schweißtreiberei vor. Tief Luft holen, geht in euch. Schaut euch alle nochmal tief in die Augen und sorgt dafür, dass alle beieinander bleiben. Ihr wäret nicht die ersten, die am Kahlen Berg kläglich scheitern könnten. Aber mit viel Mut und Durchhaltevermögen nehmt ihr nun den Aufstieg in Angriff. Folgt einfach dem Weg, der genau auf den Berg zuführt, überquert die Zachower Feldstraße in den Wald hinein. Biegt auf keinen Fall links in die Sandgrube ab, sondern geht in den bewaldeten Teil des Bergs rein. Der Mischwald geht in einen Birkenwald über, dort, wo ihr die Spitze des Bergs (stolze 78 m über dem Meeresspiegel) erreicht. Es geht geradeaus weiter bis ihr nach ca. 1 km auf eine Kreuzung stoßt – dann rechts. Die Wanderwege werden hier offensichtlich nicht regelmäßig gepflegt. Deshalb kann es sein, dass ihr, je nach Jahreszeit, sehr zugewucherte Wege vorfindet. Am Gehöft lichtet sich alles und ihr stoßt auf einen Weg, der in den Karten als „Ausbauten" bezeichnet wird. Hier rechts und

TOUR 28

Am Hafen von Ketzin

gleich bei nächster Gelegenheit wieder links. Die Tremmener Landstraße müsst ihr für 200 m nach links, dann erste Gelegenheit rechts rein in den Fernewerder Weg. Die kurze Variante zum Start ist, wenn ihr bei nächster Gelegenheit wieder rechts abbiegt. Der kleine Weg zwischen den Stichteichen führt euch direkt zur Straße „Am Deich".

Iron-Dog-Option: An der Kreuzung des Fernewerder Wegs geht ihr geradeaus und lauft um den Gelben Stich herum. Der Weg führt euch in etwas größerem Bogen zurück bis zur Brandenburger Chaussee. Dort dann zurück zum Auto oder links nach Ketzin rein bis zum Bahnhof.

Ketzin selbst ist eine ganz schöne Kleinstadt. Keine Perle, aber sehenswert – vor allem gibt es eine schöne Uferpromenade mit Sportboothafen.

	Info
🅗	Bis Hbf. Potsdam, dann umsteigen in Bus 614 Richtung Gutenpaaren. Ausstieg in Ketzin Bahnhof
🅟	Am Deich
🗺	Kompass Wanderkarte Berlin und Umgebung (WK 700) 1:50.000
🍴	Wellenstein Karl-Liebknecht-Str. 8 14669 Ketzin Tel.: 033233-302958 www.wellenstein-ketzin.de
✚	Tierärztliche Praxis Hans-Ulrich Seidel Fischerstraße 4 14778 Päwesin Tel.: 0172-3929457 www.tierarztpraxisseidel.de

Dort gegenüber liegt auch unser Gastrotipp, das Wellenstein, sehr zu empfehlen.

Werbung

Jetzt Ihr persönliches Angebot anfordern unter:
www.Rosengarten-Haustiervorsorge.de
📞 05433 - 913712

TOUR
29

Das alte Landgut des Lokomotivenkönigs Borsig – ein See mit Uferwegen – Felder und Wiesen

Rund um das Landgut Stober

Hundefreundlichkeit: Das Landgut, unser Ausgangspunkt, ist Hotel: Hunde sind hier an die Leine zu nehmen, sobald man vom Landgut ein bisschen weiter weg ist, begenet ihr nur noch wenigen Leuten, aber es ist schon eine gut erschlossene Wandergegend. Ihr werdet hier durchschnittlich mehr Leuten begegnen als sonst. Zweimal durchquert ihr Dörfer und kommt mehrfach verläuft der Weg an Weiden mit Kühen und Pferden. Für ruhige Vierbeiner aber alles kein Problem – oder für eure? Dann wäre das eher eine Leinentour.

Tour-Info	↔ 14 km	⏲ 3,5 Std.	++✢ mittel
Start-Ziel:	Landgut Stober (ehem. Borsig) (Rundwanderung)		
Wegecharakteristik:	Wanderwege, Feldwege		

Hinterm Restaurant des Landguts liegen die Terrassen, die euch direkt runter zum **1** Uferweg des Groß Behnitzer Sees bringen. Wir laufen den Rundweg um den See, allerdings gegen den Uhrzeigersinn. Der gut befestigte Uferweg führt nach ca. 1,5 km weg vom See, raus aus dem Wald. An der Weggabelung (Ribbecker Weg) lauft ihr rechts. Nach 600 m fängt der Wald wieder an und ihr biegt links ab. Immer geradeaus. Nach 1 km kommt eine Weggabelung. Hier die Option nach links wählen. Es folgt ein wirklich sehr hübscher Feldweg, gesäumt von Obstbäumen. Der Weg führt bis nach **2** Heineberg, einer Siedlung von nur wenigen Häusern.

Kaum, dass ihr Heineberg erreicht habt, müsst ihr nach links auf den Heineberger Weg.

Den Heineberger Weg wandern wir für 2,5 km, bis wir kurz vor der Riewender Straße rechts abbiegen in den Grünen Winkel. Wo der Friedrichshofer Weg auf die Riewender Straße stößt, überqueren wir die Straße und laufen in den Weg „Zum Klinkgraben".

Unser Weg führt nun um den Kleinen Behnitzer See herum. Wir laufen in den tiefen Wald hinein. Nach 1,5

km an der T-Gabelung links abbiegen, über den **3** Klinkgraben hinweg (hier kann es recht moorig und matschig werden) und dann immer links halten. Der Weg führt zurück nach Groß Behnitz Richtung Norden. Ihr lauft immer geradeaus, an Feldern vorbei in den Ort hinein.

Info

🚌	Mit RE 2 bis Nauen, dann mit Bus 660 bis Groß Behnitz Dorf (Achtung: Rufbus - Anmeldung bis 60 Min. vor Fahrtbeginn unter 03321 8283-222, Anmeldezeit Mo-Fr 6-20 Uhr, Sa-So 6-15 Uhr)
🅿	Am Landgut Stober sind große Parkplätze
🗺	Kompass Wanderkarte Berlin und Umgebung (WK 700) 1:50.000
🍴	Landgut Stober Behnitzer Dorfstraße 27-31 14641 Nauen OT Groß Behnitz Tel.: 033239-20800 Internet: www.landgut-stober.de
✚	Tierärztliche Praxis Hans-Ulrich Seidel Fischerstraße 4 14778 Päwesin Mobil: 0172-3929457 www.tierarztpraxisseidel.de

Landgut Stober

TOUR 30

einer der schönsten Waldwege Berlins –
im Winter der kälteste Ort

Entlang der Kuhlake zum Eiskeller

Hundefreundlichkeit: Die Tour startet am Wildgehege Spandauer Forst: Für manche Vierbeiner eine große Herausforderung, wenn man erst einmal an Dutzenden neugierigen Wildschweinen vorbeiläuft – aber auch eine gute Übung für Zurückhaltung. Den Rest der Tour lauft ihr im Spandauer Forst recht stressfrei. Die Tour kreuzt den Berliner Mauerweg, der von Radfahrern im Sommer stark genutzt wird. In Eiskeller, einem Flächennaturdenkmal, ist oft mehr Wanderverkehr als auf dem Rest der Tour.

Tour-Info	↔ 14 km	⏲ 3,5 Std.	++✢ mittel
Start-Ziel:	Wildgehege im Spandauer Forst (Rundwanderung)		
Wegecharakteristik:	Wanderwege, asphaltierte Teilstücke		

Spandaus Forst ist eine echte Perle, die viele noch gar nicht entdeckt haben. Wir starten am **1** Wildgehege, lassen Wildschweine und Mufflons zurück und folgen dem Weg nördlich der Kuhlake. Dieser gut ausgeschilderte Wanderweg entlang der Kuhlake gehört für uns zu einem der schönsten Wanderwege im Stadtgebiet. Die Wege sind gut befestigt, wie die Kuhlake mäandert der Weg so durch den Forst, Bänke laden zu Pausen ein, Feuchtwiesen, moorige Abschnitte gibt es, ansonsten lauft ihr für rund 5 km durch einen altehrwürdigen Laubwald. Euer Orientierungspunkt ist ausschließlich die links liegende Kuhlake, an deren Seite ihr lauft, bis ihr auf den **2** Mauerweg trefft. Der Mauerweg ist stark von Radfahrern befahren, hier also Vorsicht walten lassen. Am Mauerweg links, an der Wiese und dem Flächennaturdenkmal **3** Eiskeller vorbei (rechts), links kommt dann ein Denkmal. Eiskeller ist ein Landschaftsschutzgebiet und westlichster Zipfel des Spandauer Forsts. Der Name geht auf die Eiskeller in dieser Gegend zurück, in denen Eis aus dem Falkenhagener See für eine Brauerei gelagert wurde. Eiskeller

macht seinem Namen alle Ehre – es gilt tatsächlich als kältester Ort Berlins, im Winter liegen die Temperaturen oft bis zu 10 Grad Celsius unter den Werten im Stadtgebiet.

Nach dem Denkmal links, nach 400 m wieder links. Nach rd. 600 m rechts und dann dem Lauf des Weges folgen, bis ihr auf den Oberjägerweg stoßt. Achtung: Dort wartet ein Pferdehof auf euch.

Den Oberjägerweg dann nach links laufen. Wenn ihr ungefähr auf Höhe des Mittelheidesees angekommen seid, kurz vor dem Kreuzgraben, laufen wir rechts ab. Der nun folgende Weg führt euch wieder entlang der Kuhlake – diesmal wandern wir allerdings den südlichen Abschnitt entlang. Verlaufen könnt ihr euch jetzt nicht mehr: Immer den leicht geschwungenen Weg Richtung Osten für 1,4 km laufen, dann links zurück zum Wildgehege.

Info

🚌	Bis Spandau Bhf. (S 5), dann zum Rathaus Spandau mit dem Bus M45 weiter Richtung Spandau, Johannesstift, Haltestelle Johannesstift aussteigen.
🅿	Am Wildgehege Spandauer Forst
🗺	Kompass Wanderkarte Berlin und Umgebung (WK 700) 1:50.000
🍴	Auf dem Gelände des Johannesstifts befinden sich gemeinnützige Cafés und Restaurants, die von Menschen mit Behinderung betrieben werden. Hunde sind erlaubt auf dem Gelände und in den Cafés/Restaurants. Frühstücksbuffet im Restaurant Schokoladensuppe, täglich von 7.00 bis 10.00 Uhr. Abendkarte / warme Küche im Restaurant Geschmack der Sonne, Montag bis Freitag von 18.00 bis 21.30 Uhr, Samstag und Sonntag keine Küche. Kaffee und Kuchen gibt's im Café Gartenlaube (Haus 5a). www.hotel-christophorus.com/restaurant www.evangelisches-johannesstift.de
✚	Tierarztpraxis Julika Kunze Kornburger Weg 22 13587 Berlin Tel.: 030-3366141 www.tierarztpraxis-kunze.de

Werbung

Hundeleinen gespleißt im exklusiven Design
Maritimes Traditionshandwerk
Made in Austria

Inh. Michael Lohse   mobil: +43 676 670 35 64   email: office@spleisswerkstatt.at   www.spleisswerkstatt.at

IRON-DOG-
CHALLENGE

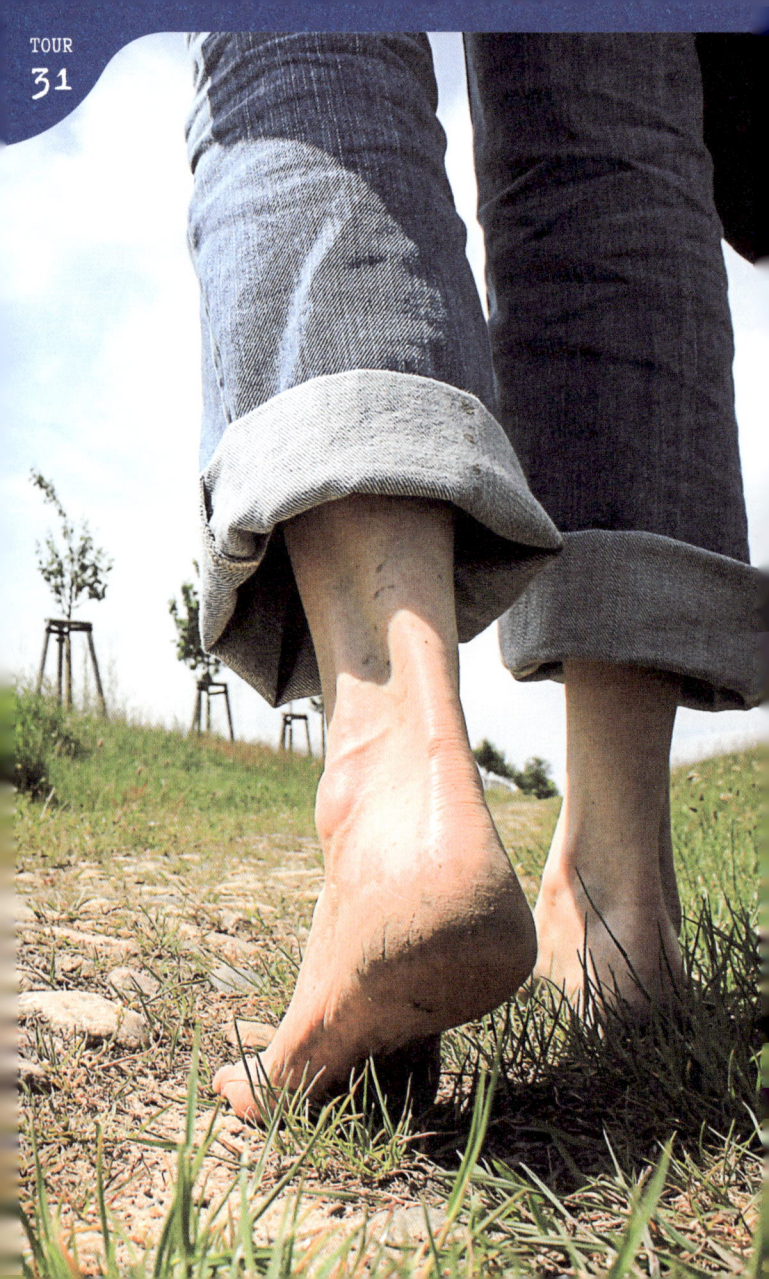

TOUR 31

leichte Hügel – weiche Wege – Apfelbaumwiesen

Barfußwandern bei Bad Belzig

Hundefreundlichkeit: Bad Belzig ist Kurbetrieb und alle Wanderwege der Umgebung sind sehr gut erhalten und ausgeschildert. Das lockt natürlich viele menschliche Wanderrudel hier raus. Aber wie immer gilt: Wer weder Wind noch Wetter scheut, wird auch bei dieser Tour ab Herbst fast alleine unterwegs sein. Aber selbst im Sommer war es nach rd. 2-3 km hinter der Burg absolut ok. Es gibt kaum Fließe, keine Seen, deshalb: unbedingt an eigenes Wasser denken.

Tour-Info	↔︎ 10 km	🕐 3 Std.	+++ Iron-Dog
Start-Ziel:	Bad Belzig Bhf. (Rundwanderung)		
Wegecharakteristik:	sandige Wanderwege, Wanderwege, kurze asphaltierte Abschnitte		

Etwa 10 km barfuß wandern auf einem Rundweg über Wiesen, Waldböden oder Sand – Barfußwandern ist unsere Iron-Dog-Challenge für euch. Eine Expedition, für die man viel Zeit und Muße braucht. Vielleicht auch so was wie Lang- und Sanftmut – und Durchhaltevermögen. Manchmal marschiert man ja durch die Gegend und lässt alles rechts und links an sich vorbeirauschen. Selbst beim Wandern kann das passieren. Beim Barfußwandern geht das nicht. Es ist eine ausgesprochen bewusste Art der Fortbewegung – und wohl die langsamste. Wer hastig rennt, sieht nicht mehr, wohin er tritt. Ein Stein kann übersehen werden, die erstbeste Wurzel wird zur Stolperfalle. Man geht gemächlich, um nicht auf Äste und Zapfen zu treten. Alle paar Minuten passiert es dennoch, dass ihr auf irgendwas tretet, dass nicht so angenehm ist. Es wird also schnell deutlich: Gemächlichkeit, Langsamkeit sind auf dem Barfußwanderweg gefordert und das ist anstrengend. Anstrengender als eine 20 km-Tour. Wir schwören!!! Wir alle hatten am nächsten Tag Muskelkater im, am, unterm Fuß – ein sehr ungewohntes Gefühl, gleichzeitig aber auch

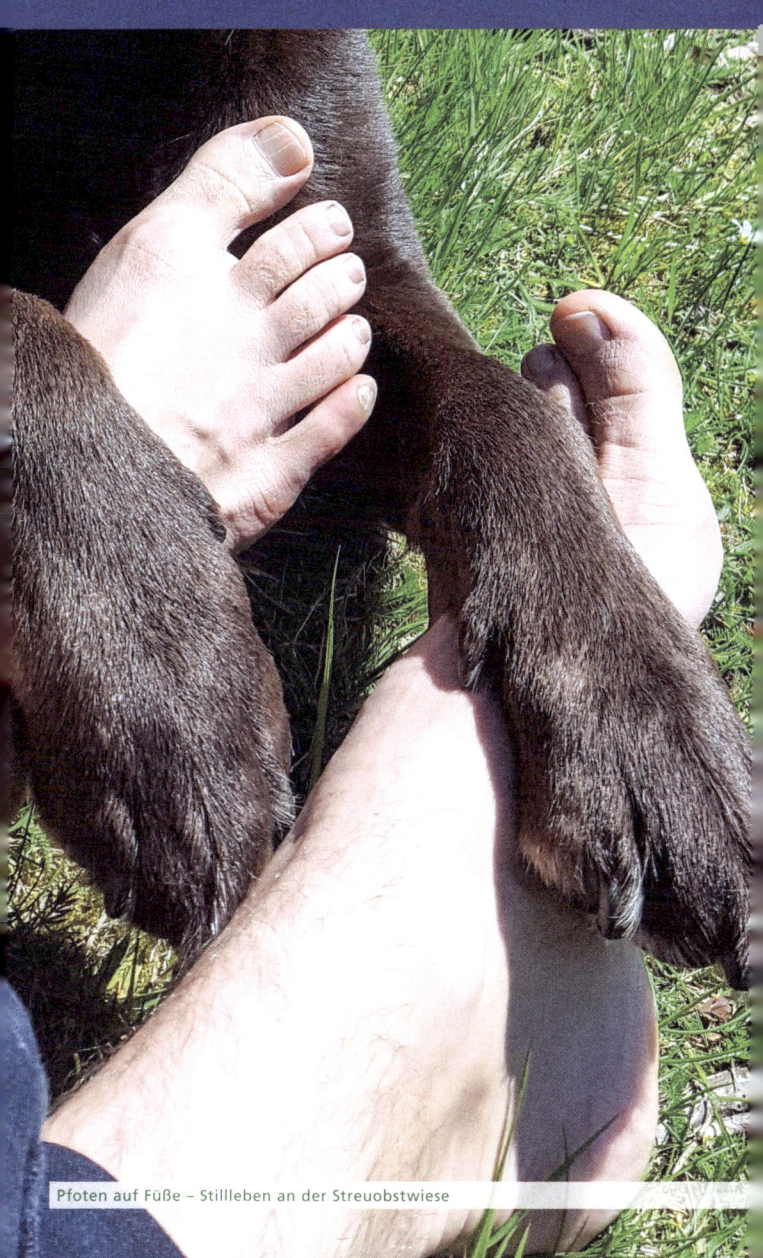
Pfoten auf Füße – Stillleben an der Streuobstwiese

TOUR 31

Nachweis, dass wir unsere Füße gar nicht mehr richtig auslasten, weil wir sie den ganzen Tag in Schuhe zwängen. Unsere Füße sind die drangsaliertesten Körperteile und rufen nach Freiheit! Also: Freie Füße, freie Pfoten für alle!

Der Barfußwanderweg in Bad Belzig ist, im Gegensatz zu anderen bekannten Barfußpfaden, wo verschiedene Materialien auf einen bestenfalls einen Kilometer langen Weg gebracht werden, ein „normaler" Wanderweg, der auf seine Barfußtauglichkeit getestet wurde. Der Weg wird also nicht täglich geräumt und von Steinen und Ästen befreit. Ihr seid in der Natur – und das ist auch das Schöne an diesem Wanderweg. Waldböden, Wiesenwege, sandige Abschnitte oder Kopfsteinpflaster und Granit-Gehwegplatten wechseln sich ab und sind meist angenehm zu laufen. Unangenehmen, mit Split bestreuten Wegen im Bereich der Burgwiesen könnt ihr auf dem gemähten Seitenstreifen ausweichen. Der Barfußwanderweg führt teilweise auf dem beliebten Kunstwanderweg lang und ist als Rundwanderweg mit einem grünen Fußabdruck so gut ausgeschildert, dass man sich (fast) nicht verlaufen kann.

Als Start bietet sich die **1** Burg Eisenhardt am Rande von Bad Belzig an. Die Burg ist, bei ausreichender Zeit, auf jeden Fall auch einen Besuch wert: Um das Jahr 1000 errichtet wurde sie im Mittelalter deutlich um- und ausgebaut. Die Burg ist frei begehbar; im Innenbereich befinden sich heute Museum und Gastronomie. Wer will, kann auch dort übernachten. Martin Luther soll das vor 500 Jahren auch mal getan haben, aber das ist eine Geschichte, die man im Stadtmuseum besser nachlesen kann...

Vom Eingang der Burg aus geht es am Friedhof vorbei durch den ehemaligen Waldpark des damaligen Verschönerungsvereins der Stadt. Über Serpentinen führt der Barfußwanderweg hinunter zu den Burgwiesen. Bis zum Kunstwerk „Gartenbild" folgt der Weg der Südroute des Kunstwanderwegs. Dort biegt er nach rechts ab und überquert die **!** Bundesstraße zwischen Bad Belzig und Wiesenburg.

Am Waldrand entlang erklimmt der Weg die „Höhen" des **2** Apfelbergs, einer sehr schönen Streuobstwiese und landschaftlich eines der Highlights der Tour. Der Apfelberg lässt ins Land blicken, die Apfelbäume und die leicht wellige Landschaft liegt malerisch vor euch. An dieser Stelle also unbedingt eine Pause einlegen.

Am Kunstwerk „Die Jagd" trifft der Barfußwanderweg auf die Nordroute des Kunstwanderwegs und führt mehr oder weniger schnurstracks zurück nach Bad Belzig. Wie erwähnt: Immer auf den grünen Barfuß achten, der den Weg kennzeichnet.

In Bad Belzig angekommen könnt ihr euch noch mit einem Eis oder Kaffee belohnen: All zu üppig ist das Angebot in der Altstadt nicht, aber die paar Cafés der Stadt bieten immerhin Selbstgemachtes. Und wer total fertig von der Wanderung ist: Die Steintherme Bad Belzig ist nur ein paar Minuten entfernt (www.steintherme.de).

	Info
H	RE 7 Richtung Dessau, Ausstieg Bad Belzig Bhf.
P	unterhalb der Burg
	Kompass Wanderkarte Berlin und Umgebung (WK 700) 1:50.000
	Burghotel Bad Belzig Wittenberger Str. 14 14806 Bad Belzig Tel.: 033841-45090 www.burgeisenhardt.de
+	Tierarztpraxis Nora Wickidal Rosa-Luxemburg-Str. 1a 14806 Bad Belzig Tel.: 033841-33906 www.tierarzt-bad-belzig.de

Werbung

NATÜRLICH BELOHNEN
MIT INSEKTEN-LECKERLIS

Ab ins Gepäck!

100% NATÜRLICH

HYPO ALLERGEN

OHNE WEIZEN

Jetzt online bestellen unter www.tenetrio.de

TOUR 32

Oderblick – Reitweiner Sporn – Höhenzug

Reitwein oder sterben

Hundefreundlichkeit: Wenn euer Hund nicht topfit ist und entweder sehr jung oder bereits betagt, solltet ihr diese Tour nicht machen. Sie ist extrem anstrengend und wird euch einen ganzen Tag beschäftigen. Am Sporn aufpassen: Das ist ein Höhenzug mit teils klippenartigen Hängen. Absturzgefahr! Ansonsten viel Wasser, unterschiedlichste Eindrücke. Diese Tour zu gehen heißt, einen ganzen langen Tag seinem Hund und der Natur zu widmen.

Tour-Info	↔ 24 km	🕐 6 Std.	+++ Iron-Dog
Start-Ziel:	An der Kirche / Hathenower Weg (Rundwanderung)		
Wegecharakteristik:	Wanderwege, kurze asphaltierte Abschnitte, Straßen		

Keine Angst, das ist keine Esoterik: In Brandenburg gibt es eine Reihe von Orten, die Menschen seit jeher als Kraftorte definiert haben. Es sind Opfer- und Kultplätze der Slawen, Orte, über die alte Sagen und Geschichten berichten. Wo sich eine solche Überlieferung von Naturphänomenen, Nachweise über archäologische Ausgrabungen und schriftlichen Quellen über die Ausstrahlung eines Ortes finden lassen, haben wir genauer hingeschaut. An der markanten Hangkante des Reitweiner Sporns liegen, umgeben von zwei Erosionstälern und der steil abfallenden Hangkante, zwei große Plateaus, die uns in den Bann gezogen haben seitdem wir sie das erste Mal besucht haben: der Reitweiner Burgwall (auch „Wallberge" genannt). Seitdem kehren wir immer mal wieder dorthin zurück, vor allem, wenn man dem Himmel irgendwie nah sein will.

Fahrt zuerst nach Reitwein. In der Nähe der Ortskirche könntet ihr parken und loslaufen. Der Burgwall ist ausgeschildert und nur rd. 2 km vom Ort entfernt. Nach einem leichten Anstieg lauft ihr immer geradeaus auf dem ca. 4 km langen Höhenzug, den Schildern zur „Schönen Aussicht" und dem

Im Oderbruch

TOUR 32

„Burgwall" folgend. Prüft die **1** „Schöne Aussicht", die einen tollen Blick ins Odertal freigibt – aber lauft auf jeden Fall weiter zum **2** Burgwall, der unser eigentliches Ziel ist.

Über einen geschwungenen breiten Weg, vorbei am Nachtigallengrund, kommen wir zu dem vorgelagerten Plateau, laufen jedoch weiter zu dem zweiten Plateau, das vom ersten durch einen Wall getrennt wird. Der Wall, der beide Plateaus voneinander trennt, weist in der Mitte eine Einsenkung auf. Hier wird das Tor zur ersten slawischen Wohnanlage vermutet.

Wir durchschreiten grüßend dieses imaginäre Tor und treten in eine quirlige kleine Slawensiedlung ein. An diesem Ort siedelten über Jahrhunderte Vorfahren von uns: die brandenburgischen Ureinwohner vom slawischen Stamm der Leubuzzi. Hier war kein Kultort, sondern Lebensraum, ein kleines Dorf, ein Ort des Lebens, bebaut mit Lehmhütten, die wohl eng an eng standen.

In der Erde des Plateaus am Rand des Reitweiner Sporns fanden sich bei archäologischen Ausgrabungen Hunderte Tierreste, Werkzeuge, Nahrungsreste, gebrannte Lehmreste, insgesamt Hinweise auf verschiedene Siedlungsschichten, die im 10. Jahrhundert enden. Die Besiedlung hörte wahrscheinlich aufgrund der Vertreibung durch die westwärts drängenden Polen auf. Seitdem blieb dieser Ort leer.

Aber wir finden, dass das Plateau nicht wegen der Geschichte so fasziniert. Es ist etwas anderes: Man ist hier dem Himmel so nah. Das Gelände ist wie eine Startrampe in den Himmel. Ihr müsst vom Burgwall in Richtung der rund 30 m steil abfallenden Hangkante rennen (und vorher bitte abstoppen, inkl. eurem Vierbeiner) und dabei in den Himmel schauen, dann funktioniert es und ihr werdet wissen, was wir mit „Startrampe in den Himmel" meinen. Von dem zweiten Plateau aus habt ihr auf jeden Fall einen großartigen, erhabenen Blick ins Odertal.

Lauft vom Burgwall den Weg für 3 km Richtung Wuhden. Diesen Ort rechts liegen lassen. An der Kreuzung Klessiner Straße/Altklessiner Weg weiter geradeaus Richtung Lebus. Kurz bevor ihr nach Lebus kommt, scharf links und runter zum ❸ Oderradweg. Der ist im Sommer gut befahren, Freilauf für Hunde ist da wirklich nicht zu empfehlen. Ab Herbst ist es auch auf dem Oderradweg leerer, unter der Woche könnt ihr auch mal alleine unterwegs sein.

Wir gehen nun im Oderbruch in unmittelbarer Nähe zur Oder. Für fast 12 km laufen wir den Weg an der Oder. Bitte die Hunde nicht mit Stöckchen in die Oder treiben. Die ❗ Strömungen der Oder könnten gefährlich werden.

Nach 10 km passiert ihr die Straße „Reitweiner Loose". Hier könnt ihr links abbiegen und den Weg abkürzen. Ihr kommt dann am direktesten nach Reitwein zurück. Oder ihr lauft weiter geradeaus für rd. 2 km. Wenn der Weg auf den Waldabschnitt trifft, müsst ihr scharf links und auf den Weg, der über die Alte Oder führt – und euch nach Reitwein bringt.

Info

🅷 Am besten mit dem Auto hinfahren

🅿 An der Kirche / Hathenower Weg

🗺 Kompass Wandern in Deutschland (WA 586)

🍴 In unmittelbarer Umgebung können wir nichts empfehlen. Ok ist das Restaurant Oderblick in Lebus (http://www.restaurant-oderblick.de/). Wer was Feines will, muss auf dem Rückweg am Schloss Hardenberg halten (Landgasthaus Brennerei, www.schlossneuhardenberg.de).
Nach 24 km seid ihr aber so durch, dass wir nicht glauben, dass man da noch gesittet irgendwo sitzen kann. Also am besten viel eigenen Proviant mitnehmen. Oder in Reitwein übernachten:

Pension „Zur Alten Scheune"
Fischerstraße 10
15328 Reitwein
Tel. 033601-547
www.zuraltenscheune.de

✚ Tierärztliche Gemeinschaftspraxis Alt Tucheband
Seelowerstr.11
15328 Alt Tucheband / OT Hackenow
Tel.: 033472-314
www.tierarztpraxis-alttucheband.de

Impressum

Bibliografische Informationen der
Deutschen Nationalbibliothek
Die Deutsche Nationalbibliothek verzeichnet diese Publikation in der Deutschen Nationalbibliografie; detaillierte bibliografische Daten sind im Internet über
http://dnb.d-nb.de abrufbar.

ISBN: 978-3-95693-039-3

Illustration: Leandro Alzate
(www.leandroalzate.com)

Grafisches Gesamtkonzept,
Titelgestaltung, Satz und Layout:
Stefan Berndt – www.fototypo.de

© Copyright: FRED & OTTO –
der Hundeverlag / 2024
www.fredundotto.de

Alle Rechte, auch die des Nachdrucks von Auszügen, der fotomechanischen und digitalen Wiedergabe und der Übersetzung, vorbehalten.

Trotz intensiver Recherchen können sich Telefonnummern etc. und Details, selbst Wege verändern. Wir freuen uns deshalb, wenn Sie uns Verbesserungsvorschläge schicken. Alle Angaben sind ohne Gewähr.

Abbildungsnachweis

alle Abbildungen:
FRED & OTTO
außer:
S. 6: Andreas Pein
S. 176: Bad Belzig Kur GmbH

 Finde uns auf Facebook unter www.facebook.com/fredundotto

Auch mal probieren!
Überall im Buchhandel erhältlich!

1. Aufl., ca. 200 S., 11 x 17 cm,
Klappenbroschur
ISBN 978-3-86408-201-6
12,99 Euro

1. Aufl., 160 S., 11 x 17 cm,
Klappenbroschur
ISBN 978-3-95693-008-9
12,99 Euro

Überall im Buchhandel erhältlich!

1. Aufl., 372 S., 16 x 22 cm,
Klappenbroschur
ISBN 978-3-95693-062-1
24,– Euro